거울 속 성불의 길

진실한 나를 찾게 하는 월서 큰스님의 마음 법문

거울 속 성불의 길

월서 스님 지음

마음달

✸ 추천사

경經에 말씀하시기를 '譬如暗中寶 無燈不可見 佛法無人說 雖慧莫能知비여암중보 무등불가견 불법무인설 수혜막능지'란 말이 있다.

어둠 속에 있는 보배는 등불이 없으면 볼 수가 없고, 불법이 아무리 좋다 하더라도 말해 주는 사람이 없으면 어찌 능히 알 수가 있겠느가 하는 뜻이다.

그런데 여기에 있어 문제가 되는 것은 말해 준다고 해도 질 모르는 사람에게 그릇 일러 주어서는 그것은 더구나 큰일이다.

이번에 출판되는《대원경大圓鏡》은 본상本相 그대로를 똑바로 비춰 주는 크고 맑고 바른 거울이기 때문에 추호의 차질差秩이라든지 진구塵垢가 용납되지 않을 것이며 이것이 그대로 수처작주隨處作主의 현묘한 이법理法을 대천大千에 방광放光할 것이라는 것을 의심치 않으면서 이에 추천推薦하는 바이다.

병진 하안거 중 종정 이서옹丙辰夏安居中 宗正 李西翁

인간이라는 이 최고최귀最高最貴한 존재가 물본주의物本主義
앞에 무릎을 꿇었으며 제 손으로 만들어 놓은 과학에 머리를 조아
린 지 벌써 숱한 세월이 지나갔다. 그러나 아직도 이러한 아집과
부조리를 깨달은 사람은 그다지 흔한 편이 못 되고 있는 것이 동
서양의 공통된 병인지도 모르겠다.

불교란 인간이 인간의 길을 바로 걷자는 데 그 목적이 있으며
인간이 가진 본래의 얼굴을 찾자는 데 그 구경究竟의 뜻이 있다.
지금은 이 작업이 가장 시급한 때이다.

제 구실을 제대로 하지 못하고 제 본성을 잃어버리고도 잃고
있다는 사실까지도 모르고 산다는 것은 너무도 인간 역사에 있어
씻지 못할 비극이 아닐 수 없다. 마비된 심장에 새로운 활력소를
쏟아부어야 하며 구겨진 인생관에 밝은 햇살이 투사되도록 힘써
야 한다.

부처를 바로 이해시키기가 어려울 것 같아 천종千種의 방편方
便과 만반의 권문權門을 가설하였는데 모두가 이 방편 이 권문權
門을 진실한 부처의 본상本相으로 오인하고 착각하고 있는 오늘

의 현실에 있어 부처의 정체를 분명히 밝히고 입도入道의 절차를 간결하게 규명하여 한 권의 책으로써 불교의 전모를 살피도록 되었음은 진실로 경행慶幸하기 그지없는 바이다.

　제題하여 대원경大圓鏡이라 하였으니 청황적백靑黃赤白이 다 비치어도 거울에는 흔적을 남기지 않으며 공정무사公正無私하고 자유평등한 불성 본연의 면모를 그대로 노정露呈한 것이라 할 것이다.

적룡유월어렬수반赤龍榴月於洌水畔

금정산인 김어수 식金井山人 金魚水 識

인류학자들의 말에 의하면 이 지구상에 현생 인류가 처음 살게 된 것은 약 20만 년 전으로 추정된다고 합니다만 인류의 역사가 기록되기 시작한 것은 동서양을 막론하고 오천 년 정도로 알고 있습니다.

거기에서 또 종교 신앙상의 문화사로 볼 때 불교는 2,600년이라는 역사를 가지고 있어 단연 수위斷然首位인 오랜 역사를 가지고 있다는 것이 자랑스럽지 않을 수가 없습니다.

불교 이전에도 바라문교가 있었고 예수교 이전에도 유태교가 있었으며 유교 이전에도 문무주공文武周公과 삼황오제三皇五帝의 가르침이 있기는 했으나 이것들은 아직도 인류 초창기의 일들이기 때문에 인간의 바른길을 구체적으로 조명투사照明投射할 수 있는 힘을 가지기에는 미흡한 점이 있었다는 것을 부정할 수는 없습니다.

이러한 때에 있어 인류의 정로正路를 명시, 우주의 본체를 구명究明하셨으며 미신의 테두리를 벗어나 즉심시불卽心是佛의 사자후獅子吼를 부르짖어 암흑천지를 밝혀 주신 종교가 바로 석가세존이 창도唱導하신 불교입니다.

'자기 자신을 믿어라. 그리고 자기 자신에 귀의하라. 자신 이외의 신에게 의지한다거나 남을 의존하는 것은 결코 안 되는 것'이라고 강력히 역설하셨습니다.

　'천상천하유아독존天上天下唯我獨尊'이란 바로 이런 뜻을 확실히 명시하신 일대 혁명적 선언이 아닐 수 없습니다.

　이러한 인류의 대도大道가 오랜 세월을 경과하는 동안 다소 변질된 것도 있고 또는 그 방편方便의 가설들이 너무나 다양다색하여 많은 사람들이 진수眞髓의 정로를 찾기에 혼미昏迷의 폐폐弊가 많기 때문에 이제 그것을 기리는 데 조금이라도 도움이 되었으면 하는 간절한 생각으로 이 책을 펴내게 되었습니다. 아울러 각종 법어法語의 예와 모연募緣의 예를 첨부添附하여 교법수행敎法修行에 편익을 도모하고자 하는 절실한 뜻이 담겨 있다는 것을 밝혀 두는 바입니다.

제주 천왕사 회주 월서 씀

　이 책은 1976년 여름에 초판을 찍고, 1984년 여름에 산승이 불국사 주지 소임을 맡았을 때 재판을 펴낸 것으로, 무려 25년 만에 다시 삼판을 펴내는 것이다. 당시만 해도 요즘 같은 인쇄기술이 발달하지 못한 때여서 한 자 한 자 활판活版을 찍어 펴낸 소중한 문서文書와도 같았다.

　그래서 낡은 이 책을 손에 쥐면 그 어떤 그리움 같은 것이 물씬 젖어 온다. 사람은 늘 추억의 한 그늘 속에서 살고 때로는 그 속에 머문다. 고희가 훨씬 넘은 이 나이에 새삼 불가의 최대 과제인 '성불'을 모태로 삼고 있는 나로서는 이 책에 대한 연민은 남다르다.

　언제 또 이러한 추억을 회상할 수 있겠는가? 선가禪家에서 육십 성상星霜을 보내온 나로서는 이 속에 담긴 지고지순한 수행 정신은 새삼 모든 이들의 귀감이 될 지도 모른다는 생각이 들기 때문이다.

　활판은 사람의 손으로 한 자 한 자 찍어 만들기 때문에 오자와 탈자가 많기 마련이다. 하지만 그 또한 하나의 매력이다. 정성들여 만든 책은 그 속에 품격이 있다.

나의 은사였던 금오 스님은 '불립문자不立文字'를 강조하신 선승禪僧이셨다. 깨달음에는 문자가 필요 없으며 오직 수행에 있다는 것을 강조하기 위함이었다. 그 말씀을 지금도 기억하고 있지만, 사람의 마음에 담겨 있는 말들을 모든 이들에게 전달하기 위해서는 문자는 필요불가결한 것임은 어쩔 수 없다.

　이번에 내놓는 삼판은 한글 어법과 오자를 바로잡았으나, 내용에 있어서는 수정을 가하지 않았다. 있는 그내로를 내놓고 싶었기 때문이다.

2010년 2월 8일
봉국사 월서 쓰다

| 차례 |

1장 마음속에 부처가 있다

3장 영원한 대자유를 얻어라

1장

마음속에 부처가 있다

수행의 중요성

요즘처럼 설법회說法會가 많이 열리고 있는 때도 유사 이래 드물 것으로 생각한다. 설법회가 많이 열리고 있다는 말은 그만큼 불교가 흥왕興旺한다는 것을 증좌證左하는 것이 아니고 무엇이겠는가? 참으로 다행한 일이요 경복景福스러운 일이다. 그것도 옛날과 달라 설법을 하는 층層의 사람들도 대개가 깊은 교리를 전문성 있게 연구하여 이론적 또는 학술적으로 매우 높은 수준에 있는 분들이 나날이 곳곳에서 설법을 하고 있으며 법회에 모이는 대중들도 차차 그 정도가 높아져 지성인들이 나오게 되는 현상에 대해 경하敬賀하지 않을 수 없다.

이만큼 불교는 대중화되었으며 현대화되었으며 사회참여에 있어 대단한 진보와 발전을 가져왔다는 데는 누구도 감히 부정의 소설燒舌을 개입시킬 수 없을 만큼 되었다.

그런데 이러한 시점에 있어 이것을 아무런 비판과 분석 없이 그냥 발전적 현상이라고만 믿고 박수 찬양하고 있을 것인가? 그렇지 않으면 어떤 폐단과 잘못된 그늘이 이 속을 물들이고 있으며 좀먹고 있는가? 이를 세세하게 검토 반성하지 않고서는 안 될 문제들이 새롭게 돋아나고 있다는 것을 지적하지 않을 수 없다.

불교란 이론과 설명과 학술에 그 진가가 있는 것이 아니라 실천의 수행과 정견正見의 정진精進에 진실한 의의가 있다. 이론이나 설명 따위는 실천의 수행과 정견의 정진을 하기 위해 그 바른 길을 찾는 데 필요한 보조수단에 불과하다. 이론과 설명을 가지고 성불했다는 사실은 있을 수 없는 것이며 건혜乾慧나 지식知識만으로 해설의 정상頂上을 점거占據할 수는 절대로 없다.

때문에 능엄경에 계환 선사戒環禪師가 쓴 서문에 보면 이런 말이 적혀 있다.

依義不依語 依智不依識
의의불의어   의지불의식
依了義 不依不了義 依法不依人
의료의   불의불요의   의법불의인

뜻에 의지하고 말에 의지하지 말 것이며 지혜에 의지하고 식識

에 의지하지 말 것이며 대승大乘에 의지하고 소승小乘에 의지하지 말 것이며 지혜에 의지하고 사람에 의지하지 말아야 한다는 말이다. 이 말을 우리 모두 다 같이 눈감고 고요히 꿇어앉아 다시 한 번 생각해 보아야 한다.

설법은 결코 웅변대회가 아니다. 어느 법사法師가 말을 더 잘 하는가 하는 마음을 가지고 여기와 저기를 비교 비판하는 것으로 청법聽法의 태도가 완수된 양 생각하면서, 설법 속에 들어 있는 깊은 뜻을 그대로 실천에 옮기는 사람의 수는 극소極少하다는 것이 문제가 아닐 수 없다.

그리고 어디까지나 법에 의지할지언정 사람을 본위本位로 하지 말라는 이 뜨거운 말씀도 깊이 한번 회오悔悟해야 될 것이라 생각한다. 어찌된 일인지 근간에 와서는 높은 수준의 지성인들은 학술적으로나 이론적으로는 매우 밝으면서도 신행면信行面에 있어서는 그다지 훌륭하지 못한 편이며 또 그 이하의 사람들은 너무 맹신盲信이나 미신迷信의 경향으로 흘러가는 불행한 현상이 늘어가고 있다는 사실을 지목하지 않을 수 없다.

불교라 하는 큰 덩어리를 보는 데 있어 각자가 가지고 있는 지식 정도와 수양 정도와 견문 정도를 가지고 또 제 나름대로의 견해를 가지고 그것이 가장 옳고 바른 불교라고 생각하는 인식착오에서 생겨지는 계층階層은 가히 형언形言함이 모자랄 만큼 구구

다양區區多樣하다. 그야말로 '중맹모상衆盲模像 각설이단各設異端'이다. 코끼리 한 마리를 가지고 여러 장님들이 자신이 인식하는 대로 코끼리의 형태를 설명하는 것과 다를 바 없는 현상이다.

지금 현상으로 볼 때 설법說法이 모자라는 것은 결코 아니라 생각한다. 물론 누겁다생累劫多生을 두고 더러운 진구塵垢에 절어 있는 우리들로서는 자주 자주 불음佛音을 듣는 일은 매우 좋은 일이나 듣는 것만으로 거기에 의의意義가 있는 줄 생각하거나 맹목적인 공덕功德이 쌓이는 줄로만 알아서는 안 된다는 것을 절대 명심해야 한다.

가령, 불자佛者로서 탐·진·치 삼독三毒을 모르는 사람은 거의 없을 것이다. 그렇다면 설법만 한없이 들어 모을 것이 아니라 삼독 가운데서 어느 것 하나라도 착실히 제거할 수 있는 실행이 요긴하게 필요하다. 어느 것 하나인들 중요하지 않은 것이 있으랴마는 불교에서는 신해행증信解行證의 차서次序가 있어 이 차서대로 해야 된다는 것을 알아야 한다.

확실한 신심信心, 사견邪見과 의심疑心이 없는 깨끗하고 견실堅實한 신심이 첫째로 있어야 하며 그 다음으로 바른길을 찾아갈 수 있는 지견智見이 있어야 한다. 이것이 갖추어진 다음에 실천수행이 있어야 한다. 이러한 과정을 거쳐 그것이 원숙해진 다음에야 증득證得이라는 대과大果가 오게 되는 것이다.

이러한 계단階段을 정확히 밟지 않고서는 절대로 성불成佛이라는 정상을 바라볼 수 없다. 요즘에 와서는 정확한 신심信心도 드물고 정확한 지견도 드물고 더구나 실천은 더욱 드물다고 혹평하지 않을 수가 없다. 설법을 하는 사람이나 설법을 듣는 사람이나 모두가 실천과 정진이 내실적으로 익어 있지 않고서는 서로의 심지心地가 계합契合될 수 없다.

설하는 자는 설說에 그치고, 듣는 자는 그저 청청聽에 그치고 만다면 이것은 풍성수색風聲水色에 지나지 않는다. 설하는 자는 설 이외에도 실천 법력法力이 있어야 할 것이며 청하는 자는 듣는 것 이외의 수행신심修行信心이 있어야 한다는 말이다.

심심상계心心相契의 현심玄深한 경지에 도달하자는 것이 우리들의 목적이며, 거칠고 어두운 인격을 갈고 닦아 최고의 정상에까지 미화완성美化完成시키는 것이 궁극의 이상이라면 그저 간단히 피상적皮相的으로 자기 나름의 견해와 편견적인 관점에 집착하고 고정되어서는 안 된다.

그러므로 오직 바로 아는 실천, 오직 바로 보는 신심信心, 이것이 기초가 되고 저력이 되어 정진의 밑거름을 주어 그 위에 수행의 꽃을 피워야만 소기의 절정에 도달할 수 있다는 것을 우리는 가슴 깊이 명심해야 한다.

당면한 불교도의 사명

　세상에는 많은 종교가 존재한다. 종교란 어느 것을 막론하고 모두가 인간의 참된 길을 가르쳐 주는 데 목적이 있으며, 진실한 행복과 영원의 안락을 추구하는 동시에 안심입명安心立命의 경지를 지향하는 것으로 되어 있다.

　만일 종교가 없다면, 우리들의 삶은 실로 살벌하고 삭막할 것이다. 이는 새삼 논의할 필요도 없으며 생각할 가치도 없다. 부모 형제간의 천륜, 처자식 간의 사랑도 없으며 민족관이나 동포애마저 상실된 사막과 같은 지옥생활밖에 할 수 없을 것이며 또한 폭력과 공포, 불안과 불신이 각박한 시간을 쫓고 있는 현실이 될 뿐이다.

　지금 세계는 절박한 위기에 직면하고 있다. 자원의 부족과 대기 오염으로 심각한 위기에 직면하고 있다. 이 위기는 과거에 일찍이 보지 못했으며 상상할 수도 없었던 무서운 것이다. 늘어나는 인구의 팽창으로 인한 식량부족과 자원부족은 이 세상의 명망命亡을 가늠케 할지도 모른다.

지구 어느 한쪽에서는 종교전쟁으로 인해 서로 총칼을 겨누고 있고, 또 한쪽에서는 매일같이 총소리가 끊어지지 않을 뿐 아니라 폭력이 난무하고 살상이 종식되지 않고 있다. 이러한 과학무기는 살인, 파괴, 멸망의 한 길로만 치닫게 하는 한편 인간은 본성本性의 탈을 벗어 버리고 오직 물질 앞에 굴복하는 노예가 되어 버리는 세기말적 현상이라는 데는 그 누구도 이의異議를 달 수가 없을 것이다.

르네상스를 경계선으로 하여 신본주의神本主義에서 인본주의人本主義로 바뀌어지는 여명黎明의 종소리는 벌써 사라진지 오래이다. 때문에 인본주의는 세계 어느 구석에서도 찾아볼 수 없고 말라 시들어진 가랑잎이 되어 버렸다. 모두가 물본주의物本主義에 빠져 인간성을 상실한 나머지 진정한 인간의 존재감마저 사라지고 있는 실정이며 인간의 존엄성이란 고어사전에서나 찾아볼 수 있는 낡아빠진 낱말이 되어 버리고 말았다.

인명人命은 경시輕視의 선을 뛰어넘어 천시賤視의 선으로 다가섰다. 다음에 올 선은 또 무슨 선이 될 것인지 오직 공포와 전율이 엄습할 뿐이다.

아무리 인품이 고고하고 학행學行이 훌륭하더라도 돈이라는 괴물을 가지고 있지 못하면 멸시와 천대를 면할 길이 없으며 부모와 자식 사이라도 돈이 없을 때는 효도와 공경조차 하지 않는 세상이 되어 버렸다.

이만큼 물력物力이란 대단하다. 이제는 이와 같이 인간성이란 도저히 찾아볼 수 없을 만큼 그 존재가 사라진지 벌써 여러 세기가 지나간 것을 절감할 수 있게 되었다. 인간의 본래면목을 회복시켜 보아야겠다는 간절한 마음가짐을 가진 일부 지성층만이 겨우 있을 뿐이다. 이를 피부로 조금은 느끼고 있지만 낯이 부끄럽기조차 하다.

인간들은 당연히 가져야 할 양심과 정신正信을 가지고 있지 못하며 양심을 바로 가지고 정의와 신뢰, 평화의 기본노선을 걷고 있는 사람이 극히 드문 것이 요즘 현상이다.

사람들의 심장 속에는 거의 사기와 협잡과 불순한 마음만이 가득하여 두 사람만 한데 모여도 남을 속일 모의와 부정으로 취재聚財나 할 의논뿐이다. 또한 인간이 가져야 할 의리와 인정이나 친구를 도와야 할 말이나 민족의 걱정 내지 국가의 걱정이라고는 눈을 씻고 보아도 찾아볼 수 없을 정도로 삭막해지고 있다는 것을 우리는 오늘 바로 직시해야 한다.

뿐만 아니라 또 한 가지 커다란 병폐는 모두가 미신에 들떠 있는 현상이다. 미신이라면 의례히 관상이나 사주궁합 택일 따위로 생각하기 쉽지만, 이보다 더 크고 지독한 미신이 있다. 말하자면 그것은 과학의 미신이나 금권金權의 미신 사상 따위이다.

지금 세상에는 과학에 대해 옛날 사람들이 생각하던 천신天神이나 영신靈神보다 더 큰 공포와 굴복으로 숭배하고 있다. 이는 스스로 인간이라는 위대한 존재라는 것까지 망각해 버리는 원인이 되고 있다. 심지어 금권金權은 인간이 가지고 있어야 할 윤리와 도덕까지 썩게 만들 만큼 절대적 존재로 추앙신봉받고 있는 것이다. 이것이 바로 미신병이 아니고 그 무엇이겠는가. 이와 같이 20세기는 과학과 금권이 커다란 병원病源이라는 것을 모두가 알아야 한다.

금세기의 인간들은 모두가 안정安定과 착근着根을 잃고 있다.

내일을 전혀 예측할 수 없는 불안 속에 다만 무슨 수단과 방법을 쓰더라도 오직 현실의 욕구만 충족되면 그만이라는 생각뿐이다. 정신적인 부분이 아니라 육체적인 관능에만 만족하면 그것으로 족한 극히 말초신경적인 사고방식뿐이다. 잠깐이라도 사유하고 고구考究하는 문제는 아예 들여다보려고도 하지 않는다.

예술도 그러하고 문학도 그러하고 철학도 그러하다.

그 심원한 원류源流에 대해서나 인생의 기저基底문제에 있어서는 얼빠진 정신병 환자들의 몽유병 넋두리로 도매금으로 넘기고 있는 것이다. 경박하고 부허浮虛하여 내실적 입신入神의 경지라 곤 썩은 낙엽이 되어 버리고 말았다.

오늘날 자기의 정신, 자기의 주권, 자기의 주체를 올바로 가지고 세계를 바로 살피고, 인간의 위치를 바로 살펴 내가 해야 할 일이 과연 무엇이며 내가 앞으로 나아가야 할 곳이 어디인지를 똑바로 볼 줄 아는 정견正見 정신의 인격을 두루 갖춘 인간의 수가 과연 얼마나 되겠는가? 진실로 이것은 중차대한 문제가 아닐 수 없다.

분명히 병에 걸려 있으면서도 자신이 병에 걸린 것조차 모르고 있다. 심지어 인간이 인간의 길조차 알지 못하면서도 마치 완성된 인간인 양 오인誤認하고 있는 실정이다. 우리는 이것을 깊이 회오悔悟해야 한다.

위에 말한 여러 가지 폐단과 병원病源을 바로잡아 인간 정상의 궤도로 올려 세우려는 가장 바르고 신속한 길을 시급히 모색하기 위해 세계의 뜻있는 석학들은 부단히 노력하고 있다. 또한 훌륭한 종교인들도 상당한 부심腐心을 하고 있으나 지금의 현실로서는 결코 간단하고 용이한 문제가 아닌 것만은 사실이다.

이쯤에서 우리 불교도들로서는 어떠한 태도를 취해야 할 것이며 어떠한 각오로 이 중대한 난국을 헤쳐 나아가야 할 것인가를 깊이 생각해 보지 않을 수 없다.

본시 불교란 다른 종교와 비교해 볼 때 특수하게 다른 몇 가지 우수한 내용을 가지고 있다.

첫째, 다른 종교는 모두가 믿어야 할 대상이 가설架設되어 있다는 점이다. 가령, 신을 믿는다든지 태양을 믿는다든지 등 무엇인가 하나의 절대자를 가설해 놓고 거기에 대해 신앙을 쏟고 있다는 것이다. 말하자면 믿는 사람이 있고 믿어야 될 대상이 따로 설정되어, 상대적으로 양립되어 있는 것이 다른 종교들의 특색이다.

그러나 불교는 믿어야 할 대상을 따로 설정해 두지 않고 있다는 것이 하나의 놀라운 특색이다. 부처란 우주의 진리이며 대생명大生命 대광명大光明이기 때문에 피차彼此가 갈라질 수가 없으며 생사生死가 분기分岐될 수 없기 때문에 대상 간에는 그 어떤 거래가 존재할 수 없다는 것이다. 불교는 이와 같이 오직 한 덩어리의 진리뿐이며 하나의 광명뿐이기 때문에 믿을 사람과 믿어야 할 대상을 설정할 수가 없다. 이것이 불교가 가진 유일한 특색이다.

둘째, 다른 종교는 거의 전부가 신神을 중심으로 구성되었지만 불교는 끝까지 인간을 중심으로 구성되었다는 것이 뛰어난 특색이다. 혼미하고 치암痴暗한 자성自性을 닦고 수련하여 진선진미盡善盡美한 최고의 인격을 완성시키는 것이 불교의 최종 목적이다.

인간이 가진 본래 얼굴인 밝고 아름다운 슬기를 가로막고 있는 것은 바로 탐진치 삼독三毒이다. 이것을 제거시키고 인간본연의 자세로 되돌아가도록 하는 데 있어서 가장 필요한 종교가 바로 불교인 것이다. 그러므로 인간이 가진 삼독은 불교의 심현한 불법으로 치유해야만 한다.

이러한 때에 가장 필요한 종교가 바로 불교이다. 이를 우리 불교도들은 모두 절감해야 한다. 또한 불교인이라면 언제나 사상적으로 미래를 전망하면서 대중의 선두에서 인도引導의 기치旗幟를 흔들어야 하며 여기에 조금이라도 욕심이 깃들어서는 안 된다는 것을 명심해야 한다.

다시 말해 어디까지나 불교는 인간을 중심으로 하는 종교이다. 그러므로 사람은 진정한 인간으로 거듭날 수 있도록 부처님의 훌륭한 교법을 배워 전달하고 스스로 수행 실천하는 것을 아끼지 않아야 한다.

오탁五濁에 젖은 무리
삼독三毒 또한 무거워라.

짙은 업業 안개처럼
흐려 덮인 이 누리를

부처님 밝은 빛으로
쓸어버릴 오늘일까?

바른길 깨달음이
부처라 하는 것을

인격人格이 갖춰져야
보살이라 하는 것을

돌 아닌 깊은 그 뜻을
모두 함께 밝힐까?

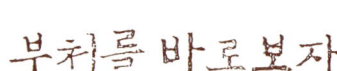

부처를 바로보자

경經에 이런 말이 있습니다.

我有一卷經　不因紙墨成　展開無一字　常放大光明
아유일권경　　불인지묵성　　전개무일자　　상방대광명

나에게 책 한 권이 있으니
종이와 먹으로 만들어진 것이 아니로다.
펴 봐야 글자 하나 없건만
항상 큰 광명을 놓고 있다.

여러분! 무슨 이런 책이 있겠습니까? 종이로 만들지도 않았으
며 먹으로 쓰지도 않았으며 아무리 펴 보아도 글자 하나 쓰여 있

지 않은데 그래도 언제나 큰 광명을 놓고 있다고 하였으니 이것이 도대체 무슨 책이란 말입니까?

이 책은 나만이 가지고 있는 것이 아니라 일체중생이 다같이 가지고 있으며 이 책은 어디 감추어 둔 것이 아니라 우주宇宙 건곤乾坤 아무 데서라도 볼 수 있고 들을 수 있고 냄새 맡을 수 있고 만져볼 수 있고 맛볼 수 있도록 적나라赤裸裸 노당당露堂堂하게 노출되어 있는 커다란 책이라는 데 그 특색이 있는 것입니다.

우리들은 쉴 사이 없이 이 책에서 일러주는 기막힌 설법을 듣고 있으며 보고 있습니다마는 이것을 책인 줄도 모르는 그것이 한스러운 일이 아닐 수 없고, 더구나 설법인 줄 모르고 있는 것이 안타까운 일이 아닐 수 없습니다. 다시 한 번 엄밀히 말하자면 누가 누구에게 설법을 할 것이며 누가 누구의 설법을 들어야 한다는 말입니까? 설說할 사람도 없는 동시에 들을 사람도 없다는 말이 정말 옳은 설법일지도 모르겠습니다.

관음찬觀音讚에 이런 글이 있지 않습니까?

白衣觀音　無說說　南巡童子　不聞聞
백의관음　무설설　남순동자　불문문

흰옷 입은 관세음보살이 항상 설법을 하고 계시지만 설해도 설한 것이 없고 남순동자南巡童子는 그 곁에서 듣고 있어도 하나도 들은 것이 없다는 뜻입니다.

우리들의 설법은 속된 세간의 설법과 달라, 명名도 없고 상相도 없고 시간의 제재도 없고 공간의 구애도 없으며 빛도 없고 소리도 없는 것이기 때문에 때묻은 눈으로 볼 수 있고 업業 짙은 감각으로 알 수 있는 지묵紙墨이나 문자로 표시된 책이 아니기에 정말 심심미묘甚深微妙한 참뜻이 있는 것입니다.

불교란 간단히 말하자면 마음에 묻어 있는 더러운 때를 깨끗이 벗기는 작업일 뿐입니다. 또한 불교란 신을 중심으로 하여 구성된 종교가 아니라 끝까지 인간을 중심으로 하여 구성된 종교라는 여기에 그 특색이 있는 것이며 또한 중대한 의의가 있는 것입니다.

마음에 묻어 있는 삼독오욕을 제거하고 미혹迷惑과 세혹細惑까지 완전히 소멸된 상태를 열반涅槃이니 혹은 성불成佛이니 하는 것입니다.

외적으로 자신을 도야수련陶冶修練하고 내적으로는 자성을 계발훈습啓發薰習하여 우주의 진리를 철오徹悟하고 영원의 생명을 향유하는 것이 최고의 목적이며 수행의 과정이라는 것을 한시도 잊어서는 안 됩니다.

그러므로 책 한 권이란 다른 게 아니라 곧 마음이며 진리란 뜻이며 우주의 원리를 말한 것입니다. 진리, 이는 건곤乾坤에 충만

하였으며 고금古今에 변하지 않는 것이며 불생불멸하는 것이기에 영원의 생명이라 하는 것입니다. 이것을 부처라 하는 것입니다. 그러한 뜻으로 볼 때 부처는 결코 먼 데 있는 것이 아닙니다. 밤마다 부처와 같이 자고 아침마다 부처와 같이 일어난다고 하였습니다.

산산수수山山水水가 모두 부처이며 추국춘란秋菊春蘭이 모두 부처입니다.

화엄경에 보면 이런 글이 있습니다.

佛身充滿於法界　普現一切衆生前
불신충만여법계　　보현일체중생전

어떻습니까? 이만하면 어지간히 이해가 되실 줄 생각합니다.

부처는 법계法界에 가득하여 일체중생 앞에 낱낱이 나타난다고 생각되지 않습니까?

우리 앞에 나타나는 게 아니라 바로 우리 자신이 그대로 부처라 해도 조금도 틀린 말이 아니라는 것을 깊이 깨달아야 할 것입니다. 어느 것 하나 본분실상本分實相의 눈으로 볼 때 부처 아닌 것이 있을 수가 없습니다.

이러한 의미에서 마음을 대원경大圓鏡이라 하였습니다.

거울 속에 비치지 않는 것은 아무 것도 없습니다. 청황적백青黃赤白이 다 비치고 대소장단大小長短이 다 비치지만 거울 자체에는 아무런 흔적도 남지 않습니다. 우리의 마음도 마찬가지입니다. 삼라만상과 희노애락이 하나도 빠짐없이 있는 그대로 다 나타나지만 마음 자체는 그야말로 무흠무여無欠無餘입니다.

다만 표면에 먼지가 끼었을 때 그것을 닦아 내면 다시 본래의 얼굴 그대로입니다. 오욕五慾과 탐진貪嗔의 먼지가 끼었다면 그것을 닦아 깨끗이 되는 날에 부처의 얼굴은 환히 나타나게 되는 것입니다.

무량수無量隨 무량광無量光 상적광토常寂光土가 나타나고 생사의 고륜苦輪을 영원히 벗어 대자재大自在 대해탈大解脫의 진락眞樂을 얻게 되는 것입니다. 이것이 불교입니다. 쉽게 보면 한없이 쉬운 것도 불교지만 어렵게 보면 한없이 어려운 것도 또한 불교입니다.

불교를 바로 보고 바로 알기도 간단한 노릇이 아니지만 가령 바로 알았다 하더라도 이론 따위나 요설饒舌로써 도저히 그 밑바닥을 철오撤悟할 수가 없다는 것을 알아야 합니다.

여기에는 오직 대분심大憤心 대정진大精進 대용맹大勇猛이 절대적으로 필요하며 현묘玄妙한 진리를 확연히 체달體達하여 삼계고해三界苦海를 뛰어넘지 않고서는 결코 소용없는 구두선口頭禪에 불과하다는 것을 뼈아프게 느끼고 모두는 명심 수행해야 합니다.

특히 요즘에 와서는 모두가 철두철미한 수행정진은 하지 않고 한갓 구두와 요설로 심오한 진리의 밑바닥을 규찰窺察하려고만 합니다. 그저 얕은 신심과 조그만 피상皮相을 짐작한 것에 불과한데도 마치 대도大道를 달성한 것 같은 고만高慢한 자세를 가지는 것은 오히려 본연의 길과는 거리가 멀다는 것을 스스로 반성 회오悔悟하는 기풍氣風이 한번 크게 진작振作되어야 합니다.

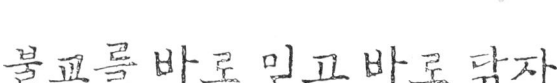

불교를 바로 믿고 바로 닦자

불교라는 큰 덩어리는 너무 깊기도 하고 너무 크기도 하여 작은 지혜로써는 도저히 그 밑바닥을 엿볼 수 없고 그 일을 옳게 짐작할 수도 없다. 집을 하나 짓는다고 하더라도 먼저 그 기초공사가 바르고 튼튼하지 못하고서는 그 위에 어떤 모양의 건축을 하더라도 그것은 한갓 사상누각砂上樓閣이 아닐 수 없다.

인간으로서 최고의 인격을 완성시켜 성불이니 해탈이니 하는 절대의 정상에 오르기를 목적하는 사람에게 무엇보다 제일 중요한 것은 기본자세이다. 높은 산을 향해 등산하는 사람에게 가장 급선急先의 요건은 올라가는 길을 바로 선택하는 것이다. 길이 바로 선택되지 않고서는 올라갈 수가 없는 것은 물론이지만 자칫하면 크게 다친다거나 혹은 생명까지도 잃게 되는 무서운 결과가 반드시 오게 되는 것이다.

성불이니 열반이니 해탈이니 하는 것은 눈으로 볼 수 없는 정신적인 최고의 등산이다. 이러한 어려운 일을 해보겠다고 출발한 사람이라면 첫째 자신의 장비와 의지 또한 노정路程의 선택에 대해 재고 반성 검토가 있어야 한다.

이러한 자기반성 없이 자신이 알고 있는 그 길이 옳다고만 생각하는 것은 진실한 의미에서 볼 때 과대망상에 지나지 않으며 미신이며 맹신이다. 동시에 정상에 올라가지 못하는 것은 말할 것도 없으며 낙오의 불구자들로서 오히려 인간 항로航路에 있어 불치의 환자가 될지도 모른다. 이것은 참으로 가공可恐할 일이다.

그런데 가장 어려운 문제는 다른 데 있는 게 아니라 많은 환자들이 있으면서도 자신이 중환자라는 것을 전혀 모르고 있다는 데에 있다. 설령, 누가 일러주어도 그것을 받아들이지 않고 완고한 아집我執에 사로잡혀 치료의 손이 도저히 들어갈 수 없도록 되어 있는 것이 더 큰 문제이다.

나에게 무슨 병이나 들어 있지 않은가? 또 들어 있다고 한다면 그 병은 어떻게 해야 고칠 수 있을 것인가? 이를 항상 생각할 줄 알고 돌아볼 줄 아는 이는 참으로 훌륭한 사람이다. 자기가 자기를 아는 것처럼 어려운 일은 없다고 하지만 그래도 아침저녁 잠깐이라도 한 번씩 자신을 되돌아보고 살펴보는 일이 참으로 값있는 일이다.

불교의 병은 다양각색으로 나눌 수가 있다. 부처를 외형으로 생각하는 병이다. 다시 말해 눈으로 볼 수 있는 부처가 명命도 주고 복福도 주는 줄 착각하는 병, 이것은 참으로 무서운 병이며 기본자세에 대한 중요한 일이라 하지 않을 수 없다. 쉽게 말하면 석가세존은 부처를 발견한 사람일 뿐 결코 부처를 창조한 사람은 아니라는 말이다. 인간 석가모니를 부처로만 생각해서는 안 된다는 말이다. 석가모니가 발견한 눈으로 볼 수 없고 귀로 들을 수 없고 시간과 공간에 구애받지 않는 영원의 대생명체, 이것을 부처라 하며 혹은 비로자나라 하는 것이다. 이 부처를 바로 보는 그날을 성불이니 열반이니 하는 것이다.

이러한 초점이 바로 서지 않고 외형적인 부처를 부처로만 생각한다면 이것은 두말할 것도 없이 미신이라 규정지을 수 있다. 때문에 불교는 신을 중심하여 구성된 종교가 아니라 어디까지나 인간을 중심하여 구성된 가장 현실적인 종교이다.

그러한 뜻으로 볼 때 부처란 오직 하나 뿐이다. 일물일심—物一心이니 하는 말들이 모두 이것을 의미한다. 아미타불이 다르고 관세음보살이 다르고 석가모니가 다른 줄로만 생각한다면 이것은 재론再論의 여지없이 불교를 모르는 사람이다.

극락세계라는 곳이 있어 그 세계에는 아미타불이 계시면서 중생을 교화하시는 줄 알고 관세음보살이 따로 있어 천수천안千手

千眼으로 모든 고통을 살피시는 줄로만 생각한다면 이 사람은 참으로 난치의 중환자라 하지 않을 수 없다.

중생을 제도함에 있어 가지가지의 수단과 방편으로 가설해 놓은 것을 미신적인 개별사상으로써 부처를 관찰하고 각자의 소견대로 해석한다는 것은 매우 위험한 현상이 아닐 수 없다.

아미타불이니 관세음보살이니 문수보살이니 지장보살이니 하는 등으로 부처의 이름이 다르고 그 맡은 바 한계가 다른 것 같지만 어디까지나 이것은 청정법신이라는 대생명 대진리의 이명異名이라 생각해야 한다.

진리의 덩어리는 쪼개질 수 없는 것이며 대생명의 우주 본체는 결코 둘이 될 수 없다. 하나의 태양 광선을 가지고 농부는 농부의 태양으로 보고 과학자는 과학자의 태양으로 보고 시인은 시인의 태양으로 보게 되지만 그렇다고 해서 태양이 쪼개진다거나 태양이 둘이 되는 것은 아닐 것이다.

부처란 한 덩어리뿐이다. 색色과 상相이 없는 것이며 고古와 금今이 없는 것이며 생生과 멸滅이 없는 것이며 시始와 종終이 없는 절대부등絶對不等한 진리이다.

그렇기 때문에 금강경에, 만일 색상色相을 가지고서 부처라 생각한다든지 음성音聲을 가지고 부처라 생각하는 사람이 있다면 이 사람은 사도邪道를 행하는 사람이라 영원히 참 부처를 볼 수 없을 것이라고 석가모니는 분명 일러 놓지 않았던가?

근간에 와서는 어쩐 일인지 색상을 가지고 부처라 생각하는 사람의 수가 많아지고 음성을 가지고 부처라 생각하는 사람의 수가 많아졌다고 하는 것은 확실히 슬픈 일 가운데 하나라 보지 않을 수 없다.

관세음보살을 신과 동일하게 본다든지 지장보살을 우상화하여 거기서 영험을 구하려는 따위의 생각은 진정한 의미에 있어 부처를 모독하는 행위라 규정하더라도 조금의 손색이 없을 것이다.

불교는 어디까지나 귀납적歸納的으로 관찰해야 되는 것이라 생각한다. 따라서 연역적演繹的으로 다변화해서는 안 된다. 만법귀일의 원리 아래 모든 것을 사유하고 관찰하여, 잡다한 것이라도 그 이치에 있어서는 도저히 잡다할 수 없는 귀일의 사고가 항상 필요하다.

표면에 나타난 껍질만 가지고 그것을 그대로 심층의 내부로 오인해서는 모두가 중맹모상衆盲模像 각설이단各設異端이 되지 않을 수 없다는 것을 명심해야 한다. 때문에 처음 말한 대로 우선 기초공사가 바로 되지 않고서는 그 위에 어떤 건축도 제대로 할 수 없는 것이다.

혜월 선사 慧月禪師

　어느 국가나 사회를 막론하고 위대한 인물은 결코 흔하게 탄생하지 않는다. 만약, 몇 세기를 지나 그리힌 인물이 탄생한다면 그 빛과 은혜는 널리 초목까지 미치게 되며 그 한사람의 영향과 훈덕勳德으로 인해 후세에는 훌륭한 인물이 많이 쏟아져 나오게 되는 법이다.

　1860년대 우리 한국불교는 일찍이 전고前古에 보지 못했던 선풍사상禪風思想이 절정의 꽃을 피웠으며, 이때는 유례없이 기라성 같은 많은 선지식들이 천하를 수놓았던 때라고 볼 수 있다. 그가 바로 경허鏡虛라는 명안종사明眼宗師이다.

　이 위대한 스님의 영향을 받아 혜월慧月 용성龍城 만공滿空 수월水月 성월惺月 한암寒岩 석두石頭 석호石虎 제산齊山 학명鶴鳴 용운龍雲 초월初月 진하震河 금호錦湖 탄옹炭翁 같은 혜성慧星들이 제산諸山에 웅거하여 인천人天의 안목眼目을 열었으며 불조佛祖의 심장을 건곤乾坤에 떨쳤다. 이때는 마치 중국의 육조六祖 이후 선풍이 흥강興降하고 벽안선사碧眼禪師들이 쏟아져 나온 때와 비슷하다고 할 수 있다.

이때가 바로 한국불교사에 있어 사판事判으로나 이판理判으로나 할 것 없이 준수한 위걸偉傑들이 많이 탄생하여 샛별처럼 빛났으며 불교학자들도 그 수를 헤아릴 수 없을 만큼 많았는데 바로 근대 한국불교사의 찬란한 금자탑이 세워졌던 때였다.

당시 석학으로 경운擎雲 진응震應 일우一宇 석상石霜 영명永明 한영漢永 상노相老 보광葆光 보륜寶輪 혼성混性 일해一海 설호雪醐 서응瑞應 등의 그 웅혼한 강학講學은 진실로 일세一世의 거벽巨擘들이 아닐 수 없었으며, 율사로서는 만화萬化 해담海曇 회당晦堂 일봉一鳳 등의 노백老伯들이 멀리 우바이존자優婆夷尊者의 정통을 계승하여 태산처럼 버티고 있었다.

그밖에 사판事判으로도 구하九河 경산擎山 회광晦光 청호晴湖 대련大蓮 지암智菴 정해晶海 운악雲岳 이산梨山 경운耕雲 등의 거목들이 탁월한 경륜과 비범한 외교로 사재윤산寺財潤産과 가람수호에 완벽한 정석定石을 놓을 수 있는 인격자들이 별빛처럼 빛나는 시절이었다.

그야말로 삼학三學을 완비하였으며 질서와 기강이 확립되었던 전성시대라 할 수 있었다. 용은 용을 낳고 봉은 봉을 낳는 것이 원칙인 것처럼 이러한 배경에 의지하여 위대한 인물들이 쏟아져 나오지 않고서는 견딜 수 없는 시대였음이 결코 우연은 아니었다.

그러던 중 1962년 6월 10일 충남 예산군 덕산면 신평리 평산 신씨平山 申氏 집에서 아기가 탄생하였다. 아기의 생김새는 준수하고 골격이 비범하였다. 아기가 성장하여 열두 살이 되던 이른 봄, 어머니를 따라 정혜사定慧寺에 갔는데 그 때 그곳에는 스님 한 분이 계셨다. 이 분은 바로 그 아기의 삼촌이 되는 혜안惠安 스님이었다.

선학禪學과 경학經學은 그다지 뛰어나지 못했지만 신심이 훌륭하였으며 가람수호에 특별한 열성을 기울이는 착실한 스님이었다. 어머니를 따라 절에 온 아이는 어찌된 일인지 집으로 돌아갈 마음이 없이 그날부터 삼촌 되는 혜안 스님에게 중이 되겠다고 하면서 떨어져 있었다. 만 3년이 지나간 뒤 열다섯 살 때 비로소 사미계를 받았으며 법명은 혜명慧明이라 불렀다.

혜안 스님은 어린 혜명에게 항상 관세음보살을 염송念誦하라 일러주어 오직 일심으로 관음정진에 혼신으로 몰두하였다. 하루는 혜안 스님의 심부름으로 해미라는 곳까지 가는 도중 갑작스런 고통으로 길에서 신음하고 있을 때 홀연히 어떤 노인이 나타나서 침을 놓아 준 뒤 심한 고통은 가라앉고 마음이 경쾌해졌다고 한다.

혜명은 신기한 생각이 들어 더욱 관음정진에 몰두하기 시작했다.

　그 당시 서산瑞山 천장사天藏寺에는 경허라는 큰스님이 계셨다. 그 분은 종풍宗風을 천하에 선양하여 명성이 전국을 진동시키고 있었는데 은사 혜안 스님은 세월 따라 퇴속退俗하면서 혜명을 경허 스님에게로 보내었다. 그 때 혜명의 나이는 19세 때였다. 경허 스님을 찾아간 혜명은 그날부터 참선의 관문을 두드리기 시작했는데 경허 스님은 혜명의 그 비범한 인품과 날카로운 지혜를 보아 장차 큰그릇이 될 것을 짐작하고 더욱 사랑하면서 정진을 독려하였다.

　당시 경허 스님은 1849년생으로 혜명보다 열 세 살이 위였다. 이렇게 정진하기를 무려 4년, 혜명의 나이 22세 되던 해, 하루는 경허 스님이 혜명을 불러 놓고 이렇게 물었다.

　"자네 참선은 무엇 하려 하는가?"

　혜명은 선뜻 대답하였다.

　"못에는 고기가 뛰고 있습니다."

　경허 스님은 또 물었다.

　"그래 자네 지금 어디에 있지?"

　혜명은 그 말이 떨어지기가 무섭게 또 대답하였다.

　"산꼭대기에 바람이 지나갑니다."

　경허 스님은 그 자리에서 인가印可를 하고 전법傳法의 표시로

혜월이란 법호를 주면서 남방이 연토緣土이니 이 길로 가서 중생을 제도濟度하라 하셨다. 그리하여 양산梁山 미타암彌陀庵으로 처음 오셨고 거기서 5~6년을 지내시다가, 천성산千聖山 원효암元曉庵에 계실 때 그 아래 있는 내원사內院寺에서 7월 4일 해제를 맞아 당시 율사律師로서 이름 높은 해담 스님을 모시고 법회가 열렸다. 마침 초심법문初心法問이 시작되어 점잖은 목소리로 초심학인初心學人에 대한 면학勉學의 취지를 설하였다.

설법이 끝나고 해담 스님은 자리에 앉으셨다. 혜월 스님은 탁자 밑에 꿇어앉아 설법을 경청한 다음 천천히 일어나 해담 스님 앞에 공손히 절을 한 다음, 이렇게 물었다.

"어떤 것이 초심학인입니까?"

해담 스님은 그 대답을 격외적格外的으로 하지 못하고 구구한 이론과 설명으로 얼버무렸다.

"나는 산사람인 줄 알았더니 이제 보니 송장이구먼."

혜월스님은 매우 실망한 표정을 지으며 일할一喝을 던지고서는 획 하고 돌아섰다.

그 뒤 범어사梵魚寺에 오셔서 오성월吳性月 이담해李湛海 한용운韓龍雲 김경산金擎山 기석호奇石虎 김정인金正寅 유정하柳正夏 스님 같은 청안종사靑眼宗師들과 교유交遊하면서 선원에 머물렀다. 바로 이때가 1930년대였다.

혜월 스님은 후리후리한 키에 홀쭉한 얼굴, 눈에는 별빛 같은 광명光明이 번득이고 손은 노동자의 손처럼 거칠고 마디가 굵었으며 약간 검은 빛 얼굴에 이마는 넓고 커다란 혹이 하나 눈 위에 나 있었다. 담담한 행지行止와 착심着心 없는 거조擧措, 어디로 보아도 출세대부出世大夫의 전형이며 무애자재無碍自在한 납자의 풍도風度였다.

그러다가 선암사仙岩寺 주지로 가셨는데 당시 나는 내전內典을 마치고 운수납자雲水衲子로 표류漂流하면서 제산諸山을 유역遊歷하다가 남방의 선지식이라 소문이 자자한 혜월 스님 회상會上을 찾아갔다. 나는 걸망을 벗어놓고 공손히 꿇어앉아 첫인사를 드렸다. 카랑카랑한 충청도 사투리를 그대로 쓰시면서 순박한 표정이 줄줄 흐르는데 잠시도 가만히 앉아 계시지 않고 쓸고닦고 마당을 소쇄하시는 것이 마치 시자侍者들이나 부목負木인줄 오인하게 되어 있었다.

소지품이라고는 발우 한 벌, 조그만 이불 하나, 삼베 무명옷 몇 벌뿐이며 밤에는 결코 요를 깔지 않고 그냥 땅바닥에 잠깐 눕는 것이 생활의 전모全貌라 할 수 있었다. 글은 무식한 편이고 하루의 생활 전부가 정진의 연결이요 참선 일관이었다.

아침공양이 끝나면 대중 전부를 앞마당에 모아 놓고 호미, 가래, 삽, 괭이 등의 연장을 한 사람에게 하나씩 나누어 준 뒤 절 부근에 있는 산으로 내려가 논과 밭을 개간하는 중노동을 시켰다.

이 작업은 거의 매일 되풀이되었다. 안일과 방심으로 신도들의 공물을 기다리고 있어서는 안 된다는 것이다. 노동과 정진이 병행되어야 하며 자립경제로 사찰이 유지되어야 한다는 백장百丈 스님의 사상을 그대로 실천하고 계셨다. 그야말로 '일일부작一日不作'이면 '일일불식一日不食'의 무서운 규범이다. 그리하여 개간된 논과 밭만 해도 선암사에만 약 10여 두락에 이르렀다.

스님은 노동과 참구參究를 일치동행一致同行하는 현실에서 승려들의 권태와 방일로 시물施物만 바라는 그릇된 정신을 완전히 뿌리 뽑자는 위대한 사상을 어실히 니다내는 동시에 훌륭한 지도자요 또한 선각자라는 것을 넉넉히 알 수가 있었다.

간혹 비 오는 날이면 큰방에 대중을 집결시켜 놓고 옛 조사들의 행적과 공부의 방법을 자세히 일러주시고 어떤 때는 머슴들이 기거하는 방에 가 새끼도 꼬고 짚신도 삼으면서 안으로는 뜨거운 정진을 계속하셨다. 주무실 때는 베개를 베지 않고 늘 딱딱한 목침을 베고 하룻밤에 겨우 네 시간 정도 누웠다가는 일어나 앉아 정진을 하시곤 했다.

스님은 공양 때마다 접시 하나를 따로 두고 밥을 몇 숟가락씩 덜어 두었다가는 공양이 끝난 다음 그 접시의 밥을 들고 대문 밖 시식施食 돌에 가지고 가 선망부모先望父母와 무주고혼無主孤魂

들에게 보시하는 동시에 산중에 있는 배고픈 새 짐승들에게 허기를 면하도록 헌식獻食을 철저히 실행하셨다. 심지어 스님이 밥 접시를 들고 대문 밖에 나가기만 하면 울창한 수림樹林 속에 있던 까마귀, 까치, 산새들이 떼를 지어 기다리고 있다가 어깨와 팔, 머리에 푸덕푸덕 날아 붙어 스님이 채 걸음을 걷지 못할 만큼 모여들곤 하였다.

어쩌면 저럴 수가 있을까? 짐승들은 스님의 내안內岸에 대자대비가 충만하게 풍기고 있던 것을 이미 알고 있었던 것이다. 만약, 스님에게 악의와 살의가 조금이라도 남아 있었다든지 허위와 가면의 상이 있었다고 한다면 짐승들은 결코 스님에게 다가오지 않았을 것이다.

뿐만 아니라 스님은 항상 금강경金剛經에 있는 '응무소주이생기심應無所住而生其心'의 구절을 외우셨다. 더욱이 주지라는 명분만 가지고 계실 뿐, 절의 살림살이에 대한 것은 전혀 알려고도 하지 않았다. 더욱이 소소한 일에는 전혀 관심을 기울이지 않으셨다. 말하자면 스님의 생활은 그대로 근로의 연속이요 정진의 연속일 뿐이었다.

그 후 스님의 선지식의 법력 때문인지 전국각지에서 공부를 좀 한다는 수좌는 다 모여들기 시작했으며 일반 신도들까지 마구 몰려들어 언제든지 대중의 수는 오륙십 명이 넘었다. 신도들이 입으라고 좋은 천으로 옷을 지어 오면 받는 즉시 대중에게 내놓고 차례로 나누어 주시고는 당신은 그저 툭툭한 삼베 무명으로 대체했다. 그리고 신도들에게 말씀하시기를 도를 닦는 중이 사치하도록 하는 것은 복을 짓는 게 아니라 오히려 수행에 지장을 주는 일이며 그로 인해 시주한 사람도 좋지 못하다고 엄하게 꾸짖곤 하셨다.

1933년 늦은 여름이라고 기억한다. 하루는 부산에 산다는 40세 가량 되어 보이는 남자 신도 한 사람이 스님에게 찾아와 보자기에 싼 돈뭉치를 내놓았다. 그리고 8일 뒤에 돌아가신 자기 아버지의 49재를 준비해달라고 했다. 스님은 그런가 하고 간단하게 대답을 하고 돈뭉치가 얼마냐고 묻지도 않고 너구나 헤아려 보지도 않고 받아서 그냥 벽장 속에 집어넣고 마는 것이었다.

당시 스님에게는 상좌가 다섯 명이 있었는데 큰 상좌 되는 운암雲巖 스님이란 분이 그 복잡한 살림살이를 도맡아 살고 있을 때였다.

그리고 며칠이 흘러 49재를 지내기 전날 아침이 되었다. 상좌 운암 스님은 재 준비를 하기 위해 인부 두 사람을 데리고 부산 장에 먼저 가면서 이렇게 말했다. "스님께서는 천천히 돈을 가지고 내려오시면 물건값을 치르고 같이 올라오게 될 터이니 그렇게 하십시오."

스님은 돈뭉치를 꺼내 주머니에 넣으시고 천천히 산을 내려가

시는데 양쪽 다리가 몽땅 끊어진 걸인 한 사람이 길가에 엎드려 구걸하고 있는 것이 눈앞에 비쳤다. 순간 스님은 손을 호주머니에 넣어 그 돈뭉치를 끄집어내어 걸인에게 그대로 쥐어 주시고는 뒤도 돌아보시지 않고 그냥 길을 걸었다. 스님은 그 돈이 얼마인지 알지도 못했으며 더구나 헤아려 본 일도 없었다. 심지어 이 돈이 남의 49재 지낼 돈인데 하는 생각도 하지 않았으며 걸인에게 너무 많이 주었는데 하는 생각조차 하지 않았다. 돈을 준 다음에는 돈을 주었다는 생각마저 없었으며 저 걸인이 매우 기뻐할 것이라는 생각조차 하지 않았다.

스님은 그저 자신이 외우고 계시는 '응무소주이생기심應無所住而生其心'의 경지를 여실히 보이신 것뿐이다. 그야말로 스님은 그 순간 삼륜三輪이 공적空寂했던 것이다. 시자施者와 수자受者와 물건이 전부 상견相見을 떠났으며 일체의 집착에서 해탈解脫된 순간이었다. 이것을 일러 무주상보시無住相布施라 하는 것인지도 모르겠다. 아무 생각 없이 걷는 스님의 발길은 어느덧 시장에 도착하였다. 운암 스님은 외상으로 모든 제물을 잔뜩 사서 인부 두 사람에게 얹어 놓고 스님이 돈을 가지고 오시기만 기다리고 있던 중이었다.

상좌는 스님을 보자마자 말씀을 올렸다.

"스님 어서 돈을 주십시오. 제물 값을 치러야겠습니다."

그러나 스님은 그저 가벼운 말투로 대답하였다.

"벌써 재를 다 지냈어."

스님은 이 한마디를 남기시고는 다시 발걸음을 돌리려 했다. 그 순간 스님을 같이 따라 오던 마을사람들이 상좌에게 그동안 있었던 일을 이야기하였다. 운암 스님은 그 이야기를 듣고 그만 땅바닥에 주저앉고 말았다. 그러자 이 소문은 순식간에 마을 전체에 퍼지고 급기야 재를 지내는 집에서 알게 되었다. 그런데 뜻밖의 일이 벌어졌다.

재주齋主가 스님 앞에 달려와 엎드려 절을 하고 그 높은 덕을 찬양하고 난 뒤 본래보다 더 많은 돈을 다시 내어 새를 더욱 성대히 지내게 되었던 것이다. 그때 나도 그 재에 참석한 기억이 어제 일처럼 생생하기만 하다.

그때 스님의 나이는 70세를 넘기셨는데 약간의 중풍中風기가 있어 말소리가 분명하지 못해 누구를 만나더라도 무슨 소리인지 '나무 정승'이란 말씀을 계속하셨다. 아아, 이것이 '응무소주應無所住'란 말씀인데 발음이 똑똑하지 못해 이렇게 들린 것이 아닐까 하고 생각해 보았다. 하지만 그렇게 몸이 불편하면서도 결코 자리에 눕는 일이라곤 없었으며 날만 새면 산에 가서 솔방울을 따는 것이 일과였다. 그러면서 언제나 홀로 산에 서서 '나무 정승'을 중얼거리며 해가 지도록 산에서 솔방울을 따고 계셨다.

전법제자傳法弟子로서는 운봉雲峰이라는 명안종사가 계셨는데 이름은 성수性粹이시고 천성산에 오래 계시면서 불조佛祖의 등맥燈脈을 천고에 빛내셨으며 손상좌로는 봉암, 향곡 두 선지식이 있다.

만년에 이르러 선암사 아래 안양암安養庵에 주석하시면서 매일같이 솔방울을 따며 정진하시다가 1937년 6월 16일 고요히 앉아 법복을 입으신 채 열반에 드셨는데 세수는 76세이시고 승납僧臘은 62세였다.

혜월 스님의 일생은 오로지 불법정통佛法正統의 정신 속에 사셨으며 정진과 노동의 일여一如한 경지를 보여 주셨으며 금강경의 '응무소주이생기심應無所住而生其心'의 도리道理를 실천하신 희세稀世의 대선지식이며 대종사이시며 대실천가라는 것을 보여 주었다.

이것이 수행납자의 본상本像이며 운수도인雲水道人의 행적이다.

소석 기素石 記

조계산적曹溪散滴

선근공덕善根功德을 많이 쌓게 되면 삼대아승지겁三大阿僧祇劫을 지나 마땅히 성불하지만 인과 불이因果不二의 법을 철오徹悟하게 되면 직신성불直身成佛이 가능하다고 하셨다.

자성을 깨달은 사람은 자기 본래의 부처를 보는 일이기 때문에 새롭게 성불하는 것이 결코 아니라 일러 놓았다.

좌선坐禪이란 그 수행공덕으로 부처가 되는 게 아니라 이미 당연히 부처라는 것을 알게 되는 것이 바로 좌선임을 알아야 한다.

선종禪宗에서는 자력自力으로 난행難行을 고행하여 부처가 되는 것이라고 생각하는 부류가 가끔 눈에 뜨인다. 이것은 매우 커다란 착오가 아닐 수 없다. 선종에서는 결코 난행고행難行苦行을 목적으로 삼지 않는다. 선근공덕을 원하지도 않으며 또한 높이 평가하지도 않는다. 난행고행이나 선근공덕을 쌓지 않더라도 이미 부처라는 것을 알도록 하는 것이 바로 선종의 법문이기 때문이다.

한 알의 씨는 '과거 무량 백 천만 알의 씨의 결과' 라 할 수 있는 동시에 '미래 무량 백 천만 알의 씨의 원인' 이 된다. 우리들의 보리심도 '과거 무량 백 천만 불의 보리심의 결과' 가 되는 동시 '무량 백 천만 불의 보리심의 원인' 도 되는 것이다. 그러므로 이대로가 결과이기도 하며 이대로가 원인이기도 하나.

현재의 원인 가운데 미래의 결과는 내포되어 있으며 현재의 결과 가운데에 과거의 원인은 분명히 나타난다. 이를 모두는 명심해야 한다.

우리들에게 부처와 꼭같은 인생관을 열도록 하는 것과 바른 부처의 인생관을 보여 주는 것은 바른 부처의 인생관을 깨치도록 하는 데 있으며 그리하여 바른 인생살이를 하도록 끌어올려 주는 것이 바로 석가세존의 목표이다.

석가세존께서는 6년의 긴 세월동안 무엇을 생각하고 계셨을까? 부처님은 우주만상의 존재의 의의意義와 인생의 목적은 어디에 있는가를 심사숙고하셨다. 그리하여 이 우주와 인생에 대한 대문제의 해결은 우주 그 속에서 발견되는 게 아니라 인간성의 내부 깊이 파고드는 거기에 있음을 스스로 발견했던 것이다. 자기와 세계와의 일원一元이 되는 그것이 바로 석가세존의 깨달음의 경지였다.

불교란 곧 자기를 배우는 것이며 자기를 잊는 것이며 또한 자기를 증득證得하는 것이다. 그리하여 자타불이自他不二의 세계를 자각하여 자리이타自利利他, 원만구족圓滿具足된 유열愉悅의 생활 속에 영생을 향유하는 것이라 생각한다.

마하행摩訶行의 선정禪定 가운데는 육도六度가 들어 있고 염불, 참회, 수행 등 그 많은 선행들이 고루 고루 들어 있다고 찬탄하셨다.
불살생不殺生이란 살생을 하지 말라 하기 때문에 죽이지 않는 게 아니라 죽여라 하여도 죽이지 못하는 인간성의 자각이 있어야만 한다.
달마대사는 불가득不可得의 법에 있어 가득可得의 견見을 내지 말라고 정의하면서 이것을 불륜도不倫盜라 하셨다. 이 세상에서 '자기의 소유를 주장할 수 있는 것은 아무 것도 없다'라고 자각하는 것이 곧 불륜도란 뜻이다.

허언虛言은 자기를 우롱하는 것이며 음주飮酒는 자기의 영성靈性을 자기 스스로가 파괴시키는 무서운 행위이다.

반야심경의 공空이란 공空 자체를 설명하는 데 목적이 있는 게 아니라 모든 인간들의 삼독오욕三毒五慾으로 더러워진 두뇌를 세탁하는 데 중요한 뜻이 있다. 종극終極의 목적은 심무괘애心無罣碍에 있음을 보아야 옳다.

불교에서는 대자대비大慈大悲란 말이 자주 나온다. 이것을 두고 부처의 마음이라고도 하였다. 그런데 이 대자대비를 소자소비小慈小悲로 보는 어리석은 사람들이 많다는 것은 확실히 한심한 일이 아닐 수 없다. 마치 부모가 제 자식만 더 사랑하는 것 같이 생각한다거나 남편이 처를 귀엽게 보는 것 같은 그런 것으로 오인해서는 절대로 대자대비의 참뜻을 증득하지 못한다.

초목이 생장生長하고, 산천강하山川江河가 아름답고, 햇볕 쬐고 비 내리고 바람 불고, 우주의 섭리와 천지의 조작, 이것 그대로

가 대자대비의 묘용妙用이며 불심의 진체眞體라는 것을 인식해야 한다. 상相이 없는 자비慈悲, 연緣이 없는 자비, 용심用心과 작용作用이 없는 자비, 이것만이 진정 대자대비이다.

유교에서는 현세론만 주장하였고 기독교에서는 현세와 미래만 주장하였으며 불교에서는 과거 · 현재 · 미래의 삼세三世를 인과법칙으로 정련하게 일관一貫된 논법으로 전개하였다. 그리고 신을 중심으로 하는 종교들은 아무리 신실한 신앙을 가지더라도 겨우 신의 은총을 받을 수 있다고 하였지만 불교에서는 누구라도 또는 무엇이라도 성불할 수 있다는 확철한 문을 사정없이 열어 놓았다. 이것은 바로 현묘유심玄妙幽深한 대각大覺의 경지이다.

육조대사六祖大師께서는 "밖으로 일체 선악의 경계를 향하여 심념心念이 일어나지 않는 것을 좌坐라 하였으며 안으로 자성自性을 보고 동동하지 않는 것을 선禪이라 한다."고 말씀하셨다.

덕산 스님의 그 높던 콧대와 무서운 아만我慢통이 용담龍潭스님의 지촉紙燭을 훅하고 불어 불이 꺼지는 순간 다 무너지고 다 꺾어져 그만 두 손 들고 강서降書를 썼다고 하니 학문과 이론은 지촉紙燭이나 등화燈火처럼 불이 한 번 꺼지면 그만이지만 영원히 꺼질 줄 모르는 대광명을 두고도 못 찾는 어리석음이야말로 정말 큰일이 아닐 수 없다.

사람은 각자各自 제 나름대로의 인생관을 가지고 있다. 그러나 자기가 가지고 있는 인생관이 가장 바른 것이라고 믿는 거기서 모든 착오가 발생한다. 그러므로 자신의 생각을 억지로 남에게 강요하거나 강근強勤해서는 안 된다.

위대한 사상가나 예술가는 많은 공명자共鳴者을 얻고 있지만 공명자가 많다고 해서 절대 바르다고 믿어서는 안 된다는 뜻이다.

정말 올바른 인생관은 인간성의 진실에 뿌리를 박고 있어야 하며, 언제 어디서든 누구에게라도 만인이 승복承服할 수 있는 이해와 감동을 줄 수 있는 석가세존과 같은 인생관을 가지고 있어야만 한다.

『관음경觀音經』에 보면 직관直觀 청정관清淨觀 광대지혜관廣大智慧觀 비관悲觀 자관慈觀 등을 설명해 놓았다. 이것은 관음보살의 인생관이다. 다시 말해 자신의 작은 경험과 지혜를 토대로 한 사견私見 혹은 남의 사상, 기억, 모방 등 불순한 것들이 섞이지 않은 순정무구純正無垢한 인생관이라야만 부처에 가까운 인생관이라 할 수 있다.

불교에서는 항상 자기 내면을 탐구하고 '거기서 발견되는 종교적 진리를 체득하여 지식 이전이나 경험 이전의 자기, 곧 거울과도 같은 청정무구한 심성心性을 두고 '대원경지大圓鏡智'라 한다. 그리고 황금불黃金佛도 평등한 부처로 볼 수 있는 높은 지혜를 부처의 제2의 지혜인 '평등성지平等性智'라 한다.

불심시심佛心詩心

세속의 시는 시로서의 구실만 다하면 그만이다. 그밖에 다른 중요한 의미는 가지고 있지 않다. 그러나 불전佛典 가운데 나오는 시들은 시로서도 훌륭하지만 그 속에 담겨져 있는 진리가 더욱 중요한 자리를 잡고 있다는 것을 말하지 않을 수 없다.

다시 말해 경전의 축소이며 불심의 약도略圖라 할 수 있다. 더구나 격외별지格外別旨를 단구單句 속에 담아 놓은 것이며 이심전심以心傳心의 현미玄味를 직시한 것들이 대부분을 차지하고 있다.

많은 경전을 암송하기는 거의 불가능한 일이지만 간단하면서도 뜻 깊은 시구를 지송持誦하기는 지극히 쉬운 일이기 때문에 아무런 순서도 없이 그저 생각나는 대로 이전에 섭렵했던 불전 가운데서 외우고 있는 성시聖詩 몇 편을 골라 뜻이 미치는 데까지 한번 해설해 보고자 한다.

그런데 대부분 우주의 진리를 바로 보고 제 2의 자기를 완전히 발견하여 고도의 인격을 완성시킨 명안종사明眼宗師들이 오도悟道의 흥겨운 경지라거나 전법도생傳法度生의 이락 邐落한 장면을 단적으로 표현시킨 고준한 법음法音들이기 때문에 나 같은 우범愚凡이 감히 해설의 붓을 들고 혓바닥을 놀린다는 것이 참으로 문부태산蚊負泰山의 격이 아닐 수 없는 줄 스스로 느끼면서도 흥미로운 마음을 금할 길이 없다.

덮어 놓고 한번 설해보고 싶은 마음을 감당할 수 없어 모든 여건이 불편한 줄 알면서도 무모하게 나서는 것을 제방청안법우諸方青眼法友들은 괸용을 베풀어 주시기를 그저 바랄 뿐이다.

『금강경 오가해五家解』 첫머리에 '摩訶大法王 無短亦無長 本來非皂白 隨處現青黃마하대법왕 무단역무장 본래비조백 수처현청황' 이란 말이 나온다.

이것은 크고 큰 법신은 짧지도 않고 또한 길지도 않으며 희지도 않고 검지도 않지만 경우에 따라 푸르기도 하고 혹 누렇기도 하다는 뜻이다.

시방十方을 포괄하였으며 삼세三世를 관철貫徹하였으니 그 법신法身의 형태가 얼마나 크다는 것은 넉넉히 짐작할 수 있을 것이다.

함허涵虛스님은 천지보다 먼저라도 그 시작함이 없고 천지보다 뒤에라도 그 마침이 없다고 하셨으며 명名과 상相이 끊어졌어도 고금을 꿰었으며 티끌에 처했어도 사방상하四方上下를 둘렀다고 하지 않았던가?

『원각경圓覺經』에 보면 '空生大覺中 如海一漚發공생대각중 여해일구발' 이라 하였다.

허공이 세상에서 제일 큰 것이며 대각大覺 가운데에서 나온 것이 마치 바다에서 거품 하나 일어나는 것과 같다는 말이다.

이만큼 큰 것이 법신이며 법계가 허공에 가득하여 충만 되지 않는 곳이 없다는 말이다.

그런데 그 법신이란 클 때는 한없이 크지만, 작을 때는 바늘 한 개도 용납될 수 없을 정도로 작으며 밝기는 태양보다 더하고 어두울 때는 칠흑漆黑보다 더하기도 하다. 혹 어떤 때는 붉기도 하고, 푸르기도 하며 자유자재하기 때문에 거울과 같다고도 하였다. 거울에는 무엇이라도 그 모양과 빛깔이 비치지 않는 것이 없다. 그러므로 '胡來胡現 漢來漢現호래호현 한래한현' 이란 말이 있는 것이다.

거울 앞에 되놈이 서면 되놈의 얼굴이 비치고 한나라 사람이 서면 한나라 사람의 얼굴이 비친다는 말이다. 다시 말해 우리의 마음을 풀이하고 비유하여 자세히 알도록 가르쳐 준 말이다.

꽃을 보면 아름다운 마음이 일어나고 밥을 보면 먹고 싶은 마음이 일어난다. 온갖 것이 있는 모양 그대로 거울 속에 비치지만 거울 자체는 조금도 물들지 않고 조금도 동요 되지 않는다.

여기에 정말 신묘한 대목이 있다.

竹影掃階塵不動　月穿潭底水無痕
죽영소계진부동　월천담저수무흔

대나무 그림자 뜰을 쓸어도 티끌은 움직이지 않고, 달빛이 못 바닥을 뚫어도 물에는 흔적이 없다. 위에서 말한 바와 같이 일체처일체행一切處 一切行에 낳지 않는 곳이 없으며 사리분별과 행주좌와行住坐臥에 통하지 않는 곳이 없으나 본성本性 그 자리에는 아무런 흔적도 남지 않는다는 말이다. 그러기 때문에 '鳥飛空中無形跡조비공중무형적' 이란 말이 있는 것이다. '새가 허공에 날아도 허공에는 아무런 자취를 남기지 않는다' 는 뜻이다.

청정법신의 본질本質인 진여眞如에는 자취가 없는 것이므로 이 것을 '대원경大圓鏡' 이라고도 표현하는 것이다. 그것을 한 번 더 간곡히 설명하기 위해 이런 글이 있다.

竹密不妨流水過　山高岂礙白雲飛
죽밀불방류수과　산고기애자운비

'대나무가 아무리 빽빽해도 물 흐르는 데는 상관이 없고 산이 아무리 높아도 구름나는 데는 방해가 되지 않는다' 는 뜻이다. 얼마나 적절한 비유이며 실감나는 말씀인가? 이것 역시 『금강경 오가해』에 있는 말이다. 이 때문에 불생불멸이라고 하는지도 모르겠다.

일념의 격차로 성불과 지옥이 갈라지게 되는 것이며 중생과 부처가 나누어지게 되는 것이며 정신正信과 미신迷信이 벌어지게 되는 무서운 결과가 생기게 되는 것이다. 불교도로서는 이것이 기본 되는 정석定石이다. 이 정석 하나가 바로 놓여 지지 않고서는 천경만론千經萬論을 독송讀誦하더라도 소용이 없으며 염불과 주력呪力을 아무리 잘하더라도 마군사도魔軍邪徒를 면할 수가 없다.

『금강경』에는 또 이런 말이 있다.

莫謂慈容難得見　不離祇園大道場
막위자용난득견　　불이기원대도량

부처님의 거룩한 얼굴을 보기 어렵다 하지 말라.
기원정사祇園精舍 대도량大道場을 항상 떠나지 않았느니라.

인간 석가모니는 사라쌍림에서 팔십 세를 일기로 하여 입적入寂하셨지만 부처인 석가는 영원무궁토록 이 우주에 충만해 있다는 말이다. 우리들은 육신적인 석가를 동경하고 추모하는 게 아니라 부처를 동경하고 추모해야 한다.

그야말로 부처는 불생불멸이며 불구부정不垢不淨이며 부증불감不增不減이다. 억만무량아승지겁億萬無量阿僧祗劫을 지나간다 한들 어찌 입적이 있으며 출몰이 있을 수 있겠는가? 하는 말이다.

부처님은 이월 십오일 열반에 드셨으니 다시는 그 자비스러운 얼굴을 볼 수 없다고 생각하거나 인간 석가를 부처로 오인하거나 하는 것은 결코 부처라는 개념을 제대로 파악하지 못한 사람이며 부처와는 상거相距가 만리萬里를 격隔한 사람이라고 확언할 수밖에 없다.

『염송』에는 이런 글이 있다.

尋春莫須向東去　西園寒梅已破雪
심춘막수향동거　서원한매이파설

봄을 찾아 동쪽으로 가지 말라.
서쪽 정원에 매화송이 눈 속에 피었구나.

봄은 따스한 동쪽에서 온다고 생각하기 쉽다. 그것은 오행상五行上으로 보아 동방東方은 청색靑色이기 때문에 그렇게 보이기도 하고 또는 동남방東南方은 태양이 적도를 중심하여 봄이 되면 차차 그 거리가 가까워지므로 따스한 기운이 동쪽으로부터 퍼져 나오게 되기 때문이다. 그리하여 일명 봄을 두고 동군東君이라고 한다.

어리석은 사람들은 봄이 동쪽에 있는 줄 알고 그 쪽을 향해 찾아가지만 반대편 서쪽 동산의 늙은 매화나무가지에는 이미 하얀 꽃 봉우리가 아직도 덜 녹은 눈 속에 피어 있는 것과 같이 봄은 이미 대지에 가득하다. 이것은 바로 부처를 찾아 서쪽 십만 억 국토를 공연히 헤매지 말라는 말이다. 또한 부처는 석가 이전에도 없었고 석가 이후에도 없는 줄 생각하는 어리석은 우리들에게 강한 일침을 내리는 경구驚句라고 볼 수 있다.

극락세계가 서쪽에 있다고 생각하는 무리, 부처는 인간 석가인 줄만 생각하는 사람들은 다시 한 번 이 글을 음미하고 자세히 감상하기를 바란다. 따라서 법신 하나를 이론상으로라도 완전히 파악하지 못하고 있으면 진정한 불교도라고 할 수가 없다.

그러기에 금강경에 '苦以色見我 以音聖求我 是人行邪道 不能見如來고이색견아 이음성구아 시인행사도 불능견여래' 라고 바로 일러 놓지 않았던가? '육신을 가지고 부처로 본다든지 음성을 가지고 부처인 줄 알고 있는 사람은 사도를 행하는 사람' 이라는 말이다. 그러므로 이런 사람은 영원히 참된 부처를 볼 수가 없다. 이러한 관점에서 이탈된다거나 그 기준의 초점이 틀어진다면 바른 부처를 보기에는 도저히 인연이 없는 사람이라고 하지 않을 수 없다.

어느 때인가 이런 글을 읽었던 것이 얼핏 머릿속에 되살아난다.

吾功不是有爲切　返本如盲似啞聾
오공불시유위절　반본여맹사아롱
秋至任他黃葉落　春來誰管百花紅
추지임타황엽락　춘래 수관백화홍

내가 하는 일이 상相없는 일이로다.
돌이켜 보매 소경 같고 벙어리 같구나.
가을 되면 낙엽지고 봄이면 꽃이 피는 그대로이다.

얼마나 멋있는 표현이며 물외도인物外道人의 경지인가? 그러면서도 그 속에 들어 있는 진리와 설법은 정말 차원 높은 법언이며 격조 맑은 말씀이다. 산수 좋은 곳 작은 초막에서 깨끗한 노승의 도에 젖은 생활을 직접 두 눈으로 보는 것 같다.

우리들의 일과는 상相과 명名이 끊어진 일과이며 무위無爲의 정진이다. 그야말로 '白衣觀音無說說 南巡童子不聞聞백의관음 무설설 남순동자불문문'의 경지이며 '應無所住而生其心응무소 주이생기심'의 작업이다. 주착住着이 없는 행위와 상에 사로잡히 지 않은 동작을 도道라 할 수 있으며 또한 무위無爲의 공功이라 하는 것이다. 여기에 반대되는 것을 유위有爲의 공功이라 할 수 있으며 집착의 행行이라 할 수 있다. 따라서 명상名相에 걸리고 집착에 규애規碍된 것이면 유위라 볼 수 있는데 아무리 신심信心 이 굳고 정진을 잘하더라도 일호一毫의 공덕이 없다는 말이다.

양무제와 달마대사의 대화에서 양무제의 신심과 불사佛事의 말만 듣고 달마대사는 서슴지 않고 '소무공덕少無功德', 즉 '공덕 이 없다'라고 한말의 뜻도 바로 그것이다. 양무제의 놀라운 신심 은 전부가 유위의 공이기 때문이다. 소경 같고 벙어리 같다는 말 은 육근六根에 집착되지 않는 경지를 말한 것으로 그저 눈으로 사 물을 보았을 뿐이지 보여진 그 물체에 대해 아무런 집착의 잔재가 없다는 것을 의미한다. 즉 입·귀·코·혀·몸·뜻, 모든 것에 대 해 규애가 없는 상태를 뜻한다. 잎이 지고 꽃이 피는 자연의 경관 에 맡겨 놓을 뿐이며 거기에 부질없는 시비와 집착, 망념 따위에 시달림을 받지 말라는 뜻이다. 다시 말해 물物과 정情에 초탈되 어 유유자적한 상태를 말한다.

불교에서는 이것이 최고의 경지이며 인격이 완성된 형태이다.

『금강경』에도 '一切有爲法 如夢幻泡影 如露亦如電 應作如是觀 일체유위법 여몽환포영 여로역여전 응작여시관'이라 하지 않았던가? '함이 있는 법은 꿈과 같고 거품 같고 그림자 같고 이슬 같고 번개 같은 것인 줄로 관觀해야 된다'는 말이다. 실상實相세계에서 볼 때 모든 사물은 이렇게 허망한 것인데 어리석은 범부들은 이 이치를 깨닫지 못하고 허망한 이것을 실상으로 보는 착각과 전도顚倒를 범하기 때문에 영겁의 고통을 벗어나지 못하는 것이다. 이와 비슷한 글이 있다. 당나라에 영가대사永嘉大師라는 스님이 계셨는데 『선종영가집禪宗永嘉集』이라는 저서가 남아 있다.

그 속에 증도가證道歌라는 것이 있는데 첫머리에 이런 구절이 있다.

絶學無爲閑道人　不除妄想不求眞
절학무위한도인　　부제망상불구진
無明實性卽佛性　幻化空身卽法身
무명실성즉불성　　환화공신즉법신
法身覺了無一物　本源自性天眞佛
법신각료무일물　　본원자성천진불

배움이 끊어지고 함이 없는 도인道人인데

망상妄想이라 덜 것 없고 진眞도 또한 쓸데없다.
무명無明 그대로가 곧 부처이며
이 몸 이대로가 바로 그냥 법신인 것을
법신法身이라 깨고 보니 아무것도 따로 없고
내 자성自性 이게 오직 부처로세.

얼마나 격格높은 설법이며 그야말로 증도證道의 깊은 경지인 가? 배운다는 것도 공부한다는 것도 진실한 뜻에서 볼 때 모두가 망상이다. 배워도 배움의 자취가 없고 정진해도 정진의 상相이 없는 그것이야말로 정말 무위無爲의 상태인 것이다. 그렇게 되고 보면 자연히 한도인閑道人이 될 수밖에 없다.

일이 없어 놀게 되어 한가한 것이 아니라 남보다 많은 일을 하 면서도 번뇌煩惱가 쉬어지고 망념妄念이 끊어지면 그 자리가 바 로 한가한 자리이다. 그렇게 되고 보면 구태여 망상을 제거시킬 필요도 없고 참된 진리를 애써 구할 필요도 없게 된다.

악의 근본이 되고 생사의 연원淵源이 되는 무명 덩어리가 그대 로 곧 불성이며 육신의 헛된 찌꺼기가 바로 법신法身이다. 청정법 신에 어찌 진망眞忘이 있을 수 있으며 선악시비善惡是非가 있을 수 있겠는가 말이다. 그 높고도 바른 이치를 깨닫고 보니 우주건 곤宇宙乾坤이 하나의 형상 없는 법신인 것이다.

이와 같이 불전佛典의 시詩 한 편 속에는 돈오돈수頓悟頓修의 경지가 들어 있으며 점오점수漸悟漸修의 경지가 있다. 또한 전미개오轉迷開悟의 계기도 될 수 있으며 직지인심直指人心의 경절활구徑截活句도 되는 것이다.

옛날 서산西山대사도 이렇게 읊으셨다.

天地一虛堂　古今一瞬息
천지일허당　고금일순식
基中一主人　曠劫一顔色
기중일주인　광겁일안색

천지 한 빈집에 고금이 순간이며
그 속 한 주인이 광겁에 변함없네.

가슴이 후련하고 누겁진죄累劫塵惱가 일시에 소멸되는 것과 같다.

가히 이런 노래는 투철히 오달悟達하지 않고서는 결코 나올 수가 없다. 때가 있고 조작이 있고 여습餘習에 의해서는 이렇게 크고 맑고 여법如法하며 웅혼한 글귀는 결코 만들어 질 수가 없다.

마치 서산대사의 그 청정본연한 가슴을 모두 들여다보는 것 같다. 하늘과 땅을 하나의 빈 집으로 보았으며 무한한 겁륜劫輪을 찰나刹那로 보신 것이다. 말하자면 유구한 시간과 무한한 공간을 완전히 초월한 경지에서 소요자재逍遙自在한 풍도風度와 적쇄정나赤灑淨裸한 본연의 자세를 여실히 표현한 말씀이다.

천지고금에 아랑곳없는 한 주인, 이것은 그대로 불생불멸이며 불구부정不垢不淨이며 부증불감不增不減인 부처 진신眞身을 설명한 것이며 일용동정日用動靜에 항상 이 속에서 놀고 있는 쾌장부快丈夫의 본상本相을 갈파하신 대목이다.

일이 이쯤 되고 보면 만사한인萬事閑人이나 무학도인無學道人이 되는 것이나 다름없다. 다시 말해 할 일을 완전히 다 마치고, 이제는 더 할 일이 없이 한가하게 자유자재할 수 있는 사람이라는 뜻이다.

三界猶如汲井綸　百千萬劫歷微塵
삼계유여급정륜　백천만겁역미진
此身不向今生度　更待何生度此身
차신불향금생도　갱대하생도차신

삼계三界가 물 퍼는 두레박 같아
백천만겁이 미진微塵처럼 지나갔네.
이 몸을 금생에 제도하지 못하면
또 다시 어느 생을 기다릴 것인가?

　불교에서는 대개 우리 범부들이 살고 있는 세계를 욕계·색계·무색계 삼등분으로 나눈다. 또한 이것을 총칭할 때 삼계라고도 한다. 이 삼계의 테두리를 벗어나지 못하고 올라갔다 내려갔다 하는 것을 두고 마치 우물 속에서 물을 퍼는 두레박에 비유한다. 그래서 인간은 윤회의 겁劫을 두고 승침昇沈을 계속한다고 한다.

　하지만 다행히 우리는 금생에 사람의 몸을 받아 태어났으며 또한 불법까지 만났다. 이때에 열심히 공부하고 수행하여 생사윤회의 바퀴를 면하지 못한다면 또 다시 어느 생을 기다려 이 몸을 제도하겠는가? 하는 무서운 경구이다.

　생과 사의 순환을 넘어 불생불멸의 영생을 얻지 않고서는 안 된다는 말이다. 그런데 여기에 있어 삼계란 현실의 세계가 아니라 번뇌 진누塵累의 심도深度와 탐진 삼독의 계층階層으로 보는 것이 더욱 타당하다.

또 『화엄경』에는 이런 글이 있다.

信爲道源功德母　　長養一切諸善法
신위도원공덕모　　장양일체제선법
遠離妄想及諸趣　　令心所向皆無碍
원리망상급제취　　영심소향개무애

굳게 믿는 한 마음이 도의 근본이며 공덕의 어머니로다.
모든 착한 법이 여기서 길러진다.
갖은 망상 잡된 생각 이것을 벗어나면
그 마음 가는 곳에 걸림이 없다.

무엇보다 중요한 것은 신심이다. 마음 그것이 그대로 부처인
것을 확실히 믿는 그 마음이 굳게 바로 서야만 그 마음에 들어 있
는 때를 벗기는 데 정진할 것이며 이 정진이 곧 육도六度로 직결
됨으로 보살선행이 자연 성취된다고 볼 수 있다.
　마음이 부처인 줄 바로 알고 여기에 오욕탐진五欲貪嗔을 제거
하여 해탈성불의 고지로 향하는 사람이 어찌 악이 있을 수 있으며
망상 제취諸趣가 있을 수 있겠는가 말이다. 이 경지에 도달하게
되면 진누塵累의 속박에서 해방되기 때문에 그 다음에 오는 것은

무애자재無碍自在일 수밖에 없다. 확실히 믿는 기본자세와 마음을 굳게 가지고 있어야만 된다는 뜻이다.

그러므로 내 마음이 부처라는 이 신념이 견고하지 못하고서는 그 어떤 것도 성취할 수가 없다. 이것이 철저하지 못하면 그 위에 어떠한 선행과 공덕을 쌓아 올린다고 하더라도 그것은 한갓 미신일 수밖에 없으며 증사작반蒸砂作飯의 도로徒勞일 수밖에 없다. 기초가 바로 서지 못하고서는 건축이 제대로 될 수가 없으며 또는 세운다고 하더라도 결코 옳은 건축이 될 수 없는 것과 조금도 다르지 않다.

보조국사 정혜普照國師 定慧 결사문에도 '마음 밖에 부처가 따로 있고 마음 밖에 법이 따로 있다고 생각한다면 이것은 방목方木을 가지고 원공圓孔을 막는 것 같다'고 하였으며 '땅에서 자빠진 사람이 땅을 떠나 일어나려 하는 것과 다를 바가 없는 것'이라고 갈파하지 않았던가?

특히 요즈음 '심즉불心卽佛'의 바른 이치를 바로 알지 못하고 부처를 별도로 생각하는 사람들이 점점 많아져 가고 있다는 사실은 참으로 중대한 착오이며 미신의 우중愚衆들이라 규정하지 않을 수 없다.

그렇기 때문에 불교의 특색은 대상이 없다는 것이다. 다른 종교는 대개가 신을 대상으로 가설架設하여 중심을 이루고 있지만 불교는 마음을 부처로 하였기 때문에 대상이 있을 수 없으며 또한 어디까지나 인간을 중심으로 하여 구성된 종교이기 때문에 최고의 인격완성을 곧 성불로 보는 것이 가장 큰 특색이라고 할 수 있다.

『금강경 오가해』에 또 이런 글이 나온다.

身在海中休覓水　日行嶺上莫尋山
신재해중휴멱수　　일행영상막심산

내 몸이 바다 속에 있는데 물을 찾아 무엇하며
석양이 재를 넘는데 산을 찾아본들 무엇하는가

바다 복판에 있으면서 물이 어떤 것이냐고 묻는 것처럼 어리석을 수 없고 석양이 잿마루를 넘어가는데 산이 어디 있느냐고 묻는다면 이것보다 우둔한 것은 없다.

부처는 결코 먼 데 있는 게 아니다. 일체행위 그대로가 부처의 작용이라는 것을 투철히 알아야 할 것이며 이것을 바로 찾는 작업이 보살菩薩의 육도만행六度萬行이다.

옛글에 '夜夜抱佛眼 朝朝抱共起야야포불면 조조포공기' 라 하지 않았던가?

'저녁마다 부처를 안고 자고 아침마다 부처를 안고 일어난다' 는 말이다.

이와 같이 부처를 안고 자고 부처를 안고 일어나고 행주좌와行 住坐臥 어묵동정語默動靜에 일분일초도 부처와 떨어질 수 없이 생 활하면서도 부처가 어디에 있는지도 모르고 사는 것이 바로 중생 이다.

우리들이 손 한 번 들고 발 한 번 움직이는 것이 바로 부처의 방 광放光이요 신통묘용神通妙用이라는 것을 알아야 할 것이다. 위 에서도 여러 번 말했지만 불전佛典의 시란 그 한 편 속에 돈오돈 수頓悟頓修의 경지도 있는 것이며 점오점수漸悟漸修의 경지도 있 는 것이다. 전미개오轉迷開悟의 계기도 될 수 있으며 직지인심의 경절활구徑截活句도 되는 것이다.

『금강경』에 보면 이런 글이 있다.

竹密不妨流水過　山高豈碍白雲飛
죽밀불방유수과　　산고기애백운비

대나무가 아무리 빽빽해도 흐르는 물을 방해할 수 없고
산이 아무리 높아도 구름이 나는 것을 막을 수 없다.

겉으로 볼 때는 지극히 평범한 말이며 사리에 맞는 구절이다. 그러나 깊이 한번 음미해 볼 때 한없는 설법이 아닐 수 없고 심심甚深한 진리의 표현이 아닐 수 없다. 탐진오욕貪瞋五慾과 번뇌, 망상이 끓고 있는 속이라도 청정법신의 본래면목에는 증增도 없고 멸滅도 없고 청淸도 없고 탁濁도 없고 오직 고고청청孤孤淸淸하고 외외절정巍巍絶頂이라는 뜻이다.

천둥번개가 요란스럽고 먹구름이 거센 바람에 소낙비가 쏟아져도 그 위에 푸른 하늘은 깨끗하고 조용하여 추호라도 본상本相에 흠이 가지 않는 것과 다를 바 없다는 뜻이다. 추혹麤惑과 세혹細惑을 하나하나 끊어 없애는 것이 아니라 그것을 초월하여 실상에 귀일부합歸一符合토록 하자는 것이 진실로 대승大乘의 수행이며 돈오경절頓悟徑截의 큰 문門이다.

只把一枝無孔笛　　爲君吹起太平歌
지파일지무공적　　위군취기태평가

한 가닥 구멍 없는 통소를 가지고
그대를 위해 태평가를 부르리라.

『금강경』에 있는 말이다.

선가禪家에서는 무공적無孔笛이니 무저선無底船이니 목마석인 木馬石人이니 겁외춘劫外春이니 하는 말들을 많이 쓰고 있다. 세속적으로 볼 때는 말도 되지 않는 미친놈 잠꼬대 같은 소리들이다. 구멍 없는 통소, 밑 없는 나무말, 돌사람, 세월 밖의 봄은 도저히 있을 수 없는 존재들이며 격외格外의 명사名詞들이다.

그러나 이것이 합법화하고 호말毫末의 과장과 거짓이 없는 것은 오직 불교뿐이며 진여眞如세계뿐이라는 데 묘미가 있고 멋이 있다.

구멍 없는 통소란 무엇을 의미하는가? 바로 마음을 가리키는 말이며 청정본연淸淨本然한 법신진체法身眞體를 말한다. 때문에 구멍 없는 통소이지만 별별 묘음妙音을 다 낼 수가 있다. 마치 거울이 비치는 대로 거짓 없이 드러내는 것처럼 구멍없는 통소는 자유자재하게 큰 소리 작은 소리 무엇이나 낼 수가 있다. 실상의 세계를 깨친 다음 거기서 울려나는 원음圓音, 이것이 바로 무공적無孔笛의 옥음玉音이다.

그리고 공간과 시간이 초월된 세월 밖의 봄소식이며 구멍 없는 피리에서 울려퍼지는 맑은 목소리, 이것은 정녕 태평가일 것이며 구원久遠의 생명에서 퉁겨지는 거문고 소리이다. 삼독번뇌三毒煩惱가 끊어진 자리, 여기가 영원의 열반涅槃이며 무사한인無事閑人의 콧노래이다. 심우도尋牛圖에서 말하는 잃었던 소를 찾아 타고 고향 마을로 돌아가면서 버들피리를 부는 그 멋있는 경지가 바로 이것이다. 그러나 아직도 인우구망人牛俱亡의 한 소식이 남아 있다는 것을 잊어서는 안 된다. 무공적無孔笛 가락에 흥겹기만 하고 태평가 곡조에 어깨만 으쓱여서는 아직도 내 집 대문까지의 먼 길이 남아 있다는 것을 자칫하면 잊기 쉽다.

조주趙州스님은 이런 말을 하셨다고 한다.

地獄天堂俱淨土　虎穴魔宮總蓮邦
지옥천당구정토　　호혈마궁총연방
山河不碍家鄉路　刹刹塵塵自在遊
산하불애가향로　　찰찰진진자재유

지옥과 천당이 모두 정토요
호랑이굴과 마구니 집이 다 극락이며
산과 물이 고향 길을 막지 못하니
티끌 세계 그대로 자유스런 처소이다.

참으로 조주 스님다운 말씀이다.
범부凡夫의 눈에는 분명히 지옥도 있고 천당도 있으며 호랑이

굴과 마구니 집도 있겠지만 깨달은 경지에 어찌 지옥과 천당이 있을 수 있으며 마궁魔宮과 호혈虎穴에 구애될 수 있겠는가?

시是와 비非가 떨어지고, 선과 악이 없는 자리, 중생제불衆生諸佛이 둘 아니며, 미혹장단美醜長短이 일리제평一理齊平한 조주 스님의 금도襟度가 여실히 나타나는 가귀佳句이다.

진구塵垢가 다한 자리가 본래 청정한 가향家鄕일 것이며 간절한 규애가 없는 곳에 소요자재逍遙自在하지 않을 수 없다. 이쯤 되고 보면 조주가 조주일 것이며 구안납자具眼衲子의 금회襟懷이다.

雲開月色家家白　春過山花處處紅
운개월색가가백　　춘과산화처처홍

구름이 걷히니 집집마다 달빛이요
봄 지난 산봉우리 곳곳마다 꽃일레라.

얼마나 멋진 시며 얼마나 과절過切한 말씀인가?

허공에 구름이 걷힐 적에 둥근 달빛이 비치지 않는 곳이 없고, 봄바람이 청산을 스칠 때 가지 가지 꽃 피지 않은 곳이 없어라. 마음에 걸려 있는 번뇌의 구름, 고도顧倒와 망상의 구름, 무지와 착각에서 일어나는 어리석은 구름! 이것만 걷히면 지혜의 달빛이 밝아지고 시간과 공간을 벗어난 봄빛이 건곤乾坤에 가득할 때 실상의 꽃봉우리는 천지 밖에 붉게 핀다는 말이다.

이와같이 불교의 종극終極은 깨달음에 있는 것이며 영원의 생명을 발견하여 진누塵累의 속박에서 해탈하여 대자유大自由과 대자재大自在를 향유하는 데 있다. 그러므로 불전의 시는 모두가 여기로 귀일歸一되는 것이며 이것이 중심이 되는 것이다.

我有一券經　不因紙墨成
아유일권경　　불인지묵성
展開無一字　常放大光明
전개무일자　　상방대광명

나에게 경經 한 권이 있으니
이것은 종이와 먹으로 만들어진 것이 아니다.
펴 보아야 글자 하나 없지만
항상 큰 광명을 수 놓고 있구나.

설법하기 직전 대중과 영가靈駕에게 청법聽法의 자세를 엄숙히 하기 위한 의식으로 거양擧揚이라는 게 있는데 여기에 나오는 게 송게頌偈가 바로 그것이다. 세상에 있는 책이라곤 모두가 종이로 만들어졌고 먹으로 써져 있고 글자가 들어 있는데 이것은 무슨 책이기에 종이로 만들어지지도 않았으며 펴 보아야 글자 하나 볼 수 없단 말인가? 그러면서도 항상 커다란 광명을 놓고 있다니 진실로 이상하기 그지없고 신기하기 짝이 없다. 하지만 불도佛徒라면 이 책을 바로 읽을 줄 알아야 하며 이 책의 모양을 바로 보아야 한다.

이 책의 소재所在를 분명히 찾아 자신의 것으로 만들어야만 한다. 또한 이 책을 찾기 위해 육도六度 수행의 어려운 고비를 견디어 가고 만요무궁萬要無窮의 고달픈 역정歷程을 참아가며 정진과 인욕忍辱을 감수해야만 한다.

석존께서 하신 6년 간의 고행도 이 책 하나를 찾기 위한 수행이었으며 달마대사의 9년간의 면벽面壁 수행도 이 책 하나를 분명히 보자는 데 그 목적이 있었다는 것을 명심해야 한다.

삼세제불三世諸佛과 역대 조사祖師가 이 책 하나 바로 찾기에 한없는 수행과정을 겪었으며 오늘의 눈 푸른 납자들도 오직 이 하나를 성취하기 위해 전념하고 있는 것이다. 사람마다 가지고 있고 산하대지에 가득하고 허공 법계에 충만한 이 책의 광명, 이것이 바로 마음이요 법신法身이며 또한 부처인 것이다.

持戒三千劫　誦經八萬歲
지계삼천겁　　송경팔만세

不如半食頃　端坐念實相
불여반식경　단좌념실상

삼천 겁이 다하도록 계戒를 가지고
팔만 세가 지나도록 경을 외우더라도
잠깐 동안 고요히 앉아
실상實相을 생각하는 여기에 겨눌 수 없다.

『지도론智度論』에 있는 말이다. 어쩌면 이렇게도 과절過切한 말씀을 하셨을까? 아무리 계행戒行이 엄정嚴正하고 송경논의誦經論議가 훌륭하더라도 즉심시불卽心是佛의 이치를 투철히 깨치지 못하고 실상현지實相玄旨를 체달體達하지 못하고서는 일호一毫의 가치도 없다는 말씀이다.

계戒를 가진다는 것은 정定을 얻기 위한 기초 작업이며 혜慧를 발견하여 철오하기 위한 정지整地 동작이다. 계戒 자체에 의의가 있다거나 커다란 가치가 있는 것은 절대 아니라는 말이다. 또한 경을 외우고 해석한다는 것도 수행의 요령을 배우는 관문이며 불지佛智를 찾아 들어갈 수 있는 노정露呈임을 알아야 한다.

하지만 계戒 그것이 실상 현지玄旨가 될 수 없고 경經 그것이 성불의 당지當地는 더구나 아니다. 모두가 인격완성의 보조수단

이며 불지계발佛智啓發에 불과한 것이다. 그러므로 수행과 정통
正統이란 어디까지나 목적달성을 위한 기초 방법이란 것을 망각
해서는 안 된다는 말이다.

　계행戒行이 청정한 그것에 만족하다거나 또는 모든 일이 끝난
것처럼 우월한 생각을 가져서도 안 되며 경학經學에 밝은 그것으
로 정말 불자의 할 일을 마친 것 같은 과도한 생각에 침몰되어서
도 결코 안 된다. 잠깐 동안이라도 자기가 자기를 찾는 데 힘써야
하며 정말 나의 본래면목을 바로 보아야 한다. 이것이 참으로 자신
이 해야 할 일이며 생사대사生死大事를 면할 수 있는 큰 길이다.

　　　　愚心不學增驕慢　疾意無修長我人
　　　　우심불학증교만　　질의무수장아인
　　　　空腹高心如餓虎　無知放逸似顚猿
　　　　공복고심여아호　　무지방일사전원

　　　어리석은 마음으로 배우지 않아 교만만 더하고
　　　어두운 생각으로 닦지를 않아 아상我相 인상人相이 길어지네.
　　　빈 가슴 높은 콧대 굶은 호랑이 같고
　　　아는 것 없이 빈둥빈둥 자빠진 원숭이 꼴이로구나.

야운野雲 스님이 지은 『자경문自警文』에 나오는 말이다. 무서운 경침警針이요 적선適宣한 편달鞭撻이다. 더구나 요즈음 우리들은 이 글을 몇 번이고 몇 번이고 재삼 음미해 보면서 자신을 반성하고 회오하지 않으면 안 된다. 진실로 나는 여기에 해당되지 않는가? 또는 해당되는가? 하는 것을 깊이 사료思料하는 시간을 가져야 한다.

글을 읽는다는 것은 그것들의 뜻대로 실천하기 위해서 배우는 것임을 알아야 한다. 글은 글대로 있고 나는 나대로 있다고 한다면, 글 속에 담긴 귀중한 값이 있을 수 없다. 또한 고조고사古祖古師들이 남겨준 유덕遺德과 유훈遺訓들이 무슨 소용이 있겠는가 말이다. 뿐만 아니라 발심 출가한 본의本意는 어디서 찾아야 하며 수도수행의 참뜻은 무엇으로 일러야 할 것인가?

입으로는 세존을 닮아가면서 행동으로는 세존과 점점 멀어져 가고, 말로는 상이 없어져야 한다면서 속으로는 무서운 아상에 사로잡혀 있다면 이 일의 결과는 장차 어떻게 될 것이며 내가 걷는 이 길은 다음날 무슨 길이 될 것인가를 깊이 한번 회오해 보아야 한다.

『금강경』에 보면 이런 글이 나온다.

若以色見我 以音聲求我 是人行邪道 不能見如來
약이색견아   이음성구아   시인행사도   불능견여래

누구라도 쉽게 알 수 있는 사구게이다. 세존께서 수보리에게
이르시기를 만일 나의 육신을 가지고 참다운 세존으로 안다든지
나의 음성을 가지고 진실한 세존으로 본다면 이 사람은 사도邪道
를 행하는 자라 영원히 세존을 볼 수 없는 것이라고 말씀하셨다.

若人百千劫 常隨於如來 不了眞實義 盲暝不見佛
약인백천겁   상수어여래   불요진실의   맹명불견불

어떤 사람이 영겁이 다하도록 항상 세존을 따르더라도 진실한
실상을 깨닫지 못한다면 소경이 부처를 보지 못하는 것과 다르지
않다고 『화엄경』에 일러 놓았다.
겉으로 보이는 외상外相을 부처로 안다든지 주관과 객관에 집
착되고 시간과 공간에 구애가 되었다면 백천만겁이 다하도록 예
배 공양을 하더라도 이것은 헛된 수고에 불과하다는 진언眞言이
다. 얼마나 뜻 깊은 설명이며 진실한 법어인가? 더구나 목불木

佛·토불土佛·금불金佛을 참 부처인 줄 아는 어리석음이야말로 소용이 없다는 뜻이다.

또 게송에는 이런 말이 있다.

庭前有月松無影　欄外無風竹有聲
정전유월송무영　　난외무풍죽유성
劫火洞然毫末無　青山依舊白雲中
겁화동연호말무　　청산의구백운중

뜨락에 달 비쳐도 솔은 그림자 없고
난간 밖 바람은 자도 대나무는 소리를 낸다.
큰 불길 우주를 다 태워도
푸른 산 여전히 구름 밖에 우뚝하네.

참으로 멋진 시이며 뛰어난 오도悟道의 도파道破이다. 흰 모래 깔린 뜨락, 달이 환히 밝은 밤에 천년노송은 그림자도 없이 우쭐 거리는데 이 달이 천심天心에 바로 서면 어찌 그림자가 있을 수 있겠는가? 난간 밖 바람까지 고요한데 어디서 대죽 소리는 사각 사각 가늘게 들리니 얼마나 정숙한 산사의 밤인가? 이것은 바로 유有와 무無의 도리를 나타낸 것이며 체體와 용用을 나타낸 것이며 동動과 정靜을 표현한 극구極究의 소식임은 두말할 필요도 없다. 피彼와 차此의 일여一如한 경지, 열반과 생사의 불이不異한 극지極地를 보인 심오한 법문이다.

그러나 유위세간有爲世間은 어떠한가? 겁화劫火에 마멸磨滅 구신구신俱燼되지만 장령불매長靈不昧한 법신진여法身眞如 무시무종無始無終의 외청청外靑靑한 부처의 본체라는 것을 설파한 명구名句라 생각한다. 다시 말해 유무생사有無生死, 동정動靜의 상대적인 세계를 초탈한 일물독로一物獨露의 법신을 여실히 나타낸 명구名句이다.

十年不下祝融峰　觀色觀空卽色空
십년불하축융봉　　관색관공즉색공
如何一適曹溪水　肯隨紅蓮一葉中
여하일적조계수　　긍수홍련일엽중

태전선사太顚禪師의 글이다. 중국 당나라 때 한퇴지韓退之라는 문호文豪는 글은 천하문장이면서도 불교를 매우 싫어하여 불골표佛骨表라는 글까지 지어 불교를 반대하였는데 그것으로 그치지 아니하고 나중에는 불교를 완전히 없애버리려고까지 하였다.

그때 태전선사라는 유명한 스님이 축융산祝融山에 들어가 계시는데 마침 한퇴지가 그 지방 벼슬로 와 있으면서 태전 선사를 없애버릴 흉책凶策으로 궁기宮妓로 있는 홍련紅蓮이라는 여자를 시켜 3개월 동안 태전 선사 곁에 가서 시봉을 하며 미인계로 유혹하여 파계토록 한 다음 그것을 구실삼아 가해하려는 계교를 꾸며 홍련을 산으로 밀파密派하게 되었다. 홍련은 스님 곁에 가 있으면서 아양과 갖은 수단으로 스님을 유혹하였으나 스님의 마음은 완여반석完如盤石 여여부동如如不動이었다.

3개월의 기한이 박두迫頭했다. 만일 3개월 동안에 파계시키지 못하면 홍련을 죽이기로 약속이 되어 있었던 것이다. 내일이면 만기인지라 하산해야 되는 저녁이 닥쳐왔다. 홍련은 눈물을 흘리면서 울고 앉았다. 하도 이상스러워서 스님이 그 이유를 물었던 바 홍련은 자초지종을 낱낱이 고백하였다. 스님은 그제야 사유를 알고 난 다음 벼루에 먹을 갈더니 홍련의 치맛자락에 이 글을 써 주면서 그것을 가지고 가 한퇴지에게 보이라고 하였다.

'10년 동안 축융봉祝融峰에 들어앉아 색을 관觀하는 그 관까지 공空했으니 색色이 곧 공空했구나. 이제 한 방울 청정법수를 함부로 홍련 한 잎사귀에 떨칠 수 있으랴.'

태전 선사의 그 철석같은 계행과 높은 수양을 바라보는 것 같은 느낌이 든다. 홍련은 그대로 내려가 한퇴지에게 치마폭을 보였다. 이를 본 한퇴지도 스님의 위대한 인격 앞에 굴복하여 뒷날 선사를 찾아가 법을 듣고 불교에 귀의하게 되었다.

　참으로 뜻 깊은 설법이요 선사의 꿋꿋한 자세가 아닐 수 없다. 불교의 생명은 여기에 있는 것이며 인격도야의 절정도 바로 여기에 있다고 할 수 있다.

　『화엄경』에는 이러한 불찬佛讚이 있다.

　　天上天下無如佛　十方世界亦無比
　　천상천하무여불　시방세계역무비
　　世間所有我盡見　一切無有如佛子
　　세간소유아진견　일체무유여불자

　　하늘 위 하늘 아래 부처는 같은 이 없고
　　시방세계에 겨눌 데 없어라.
　　이 세상 모든 것을 모두 다 보았지만
　　부처님 같은 이를 다시 보지 못하였네.

　여기서 부처라 하는 것은 인간 석가를 의미하는 것이 아니라 우주의 실상을 가리키며 영원의 대생명이며 청정법신이며 비로자나를 가리킨 것이다. 이것을 발견하는 것이 성불이요 열涅이며 반

槃이기 때문이다.

불교의 궁극적 목적은 바로 여기에 있다.

父母恩重終有別　妻子義深也分離
부모은중종유별　　처자의심야분이
人情似鳥同林宿　大限來時各自飛
인정사조동림숙　　대한래시각자비

부모의 은혜가 크다지만 필경은 이별할 날이 있고
처사의 정이 깊다지만 결국은 흩어지네.
인정이란 마치 새 떼가 숲속에 모여 자는 것 같아
날이 새면 각자가 제 갈 길을 가네

그렇다. 부모니 처자니 하는 것이 결코 영원히 부모처자가 될 수 없다는 말이다. 그러므로 영원의 생명을 얻지 않고서는 이 무상의 수레바퀴를 면할 길이 없는 것과 다르지 않다는 말이다. 때문에 무상을 절감하지 않을 수 없고 발심을 서두르지 않을 수 없다는 뜻이다.

옛 조사祖師의 말씀에 '여구두련如救頭燃'이란 글이 있다. 머리에 불붙은 것을 끄는 것 같이 급한 마음으로 공부해야 된다는 말이다.

假令經百劫　所作業不亡　因緣會遇時　果報還自受
가령경백겁　　소작업불망　　인연회우시　　과보환자수

『법구경』에 일러 놓은 말이다. '가령 백겁을 지낸다고 해도 지어 놓은 업은 없어지지 않으며, 인연이 부딪칠 때 반드시 과보를 도로 받게 된다'는 경구이다. 이와 같이 선업善業이든지 악업惡業이든지 한 번 지어 놓은 업은 영원히 없어지지 않는다. 그 업종業種의 싹이 틀 수 있는 인연을 어느 때든지 만나기만 하면 거기에 따른 과보는 반드시 나타난다.

　이와 같이 자신이 지어 놓은 업의 씨앗은 결코 남에게 전가轉嫁시킬 수도 없으며 아무리 오랜 세월을 경유한다고 하더라도 없어지지 않고 그 업종이 싹틀 수 있는 조건만 만나게 되면 결과의 보복을 받지 않을 수 없다는 말이다. 참으로 몸서리칠 정도로 무서운 경구이다.

　이렇게 절실한 불조佛祖의 유훈遺訓을 읽으면서도 피부를 찌르는 것 같은 아픔을 느끼지 못한다면 진실로 제도하기 어려운 존재라 하지 않을 수 없다.

若人壽百歲　邪僞無有智　不如生一日　一心學正智
약인수백세　사위무유지　불여생일일　일심학정지

누가 백 살을 산다고 해도 사악하여 지혜가 없으면
차라리 하루를 살면서 바른 지혜를 아는 것만 못하느니라.

『법구비유경法句譬喩經』에 있는 말이다. 공자도 '朝聞道而 夕死可矣조문도이 석사가의' 라 하지 않았던가? '아침에 도를 들었으면 저녁에 죽어도 좋다' 는 말이다.

이미 성인들도 이와 비슷한 말을 한 보양이다. 오래 사는 것을 두고 결코 자랑스럽게 생각할 것이 아니라 비록 짧게 살아도 슬기롭게 살아야 값있는 인생이라는 뜻이다.

무지한 육신을 정말 나라고 믿고 생각하면서 삼독三毒과 오욕五慾 속에 허덕이는 가엾은 인생에 무슨 가치가 있으며 무슨 보람이 있겠는가? 그러나 어리석은 인간들은 눈에 보이지 않는 참 나를 찾으려 힘쓰지 않고 곁에 있는 고기 덩어리, 피 주머니, 뼈다귀들로 만들어진 색신色身, 이것을 정말 나라고 믿는 이것을 불안佛眼으로 볼 때 어찌 불쌍하지 않겠는가 말이다.

鬖鬖白髮下青山　八十年來換舊顏
삼삼백발하청산　팔십년래환구안

人却少年松自老　始知從此還人間
인각소년송자노　시지종차환인간

날리는 흰머리로 청산을 내려서서
팔십 년 살아오던 옛 얼굴 바꾸었네.
사람은 문득 소년인데 솔은 이제 늙었으니
인간으로 다시 태어남을 이것으로 알겠구나.

　이는 사조四祖 도신대사道信大師의 글이다. 도신대사는 원래
재송도인裁松道人이라는 선술자仙術者로 생사를 임의자재하다가
나이 팔십에 이르러 삼조三祖 승찬대사僧燦大師를 찾아가 스님이
되기를 원하였다. 그 때 삼조 승찬은 나이 팔십에 이르러 법을 감
당하기 어렵겠다고 하면서 몸을 바꾸어 가지고 오라고 하였다.

　재송도인은 하는 수 없이 산을 내려오다가 동구 앞 냇가에 처
녀가 빨래하고 있는 것을 보고 그만 그 앞에서 육신을 버리고 탁
신托身하였다. 그 처녀는 자신도 모르는 가운데 수태가 되어 열
달이 지난 뒤 아들을 낳았는데, 이 아이가 일곱 살이 되어 기어이
출가하겠다고 하면서 다시 그 산을 올라가다가 마침 도중에서 승

찬대사를 만나 서로의 인연이 마주치면서 이 글을 지어 스님에게 바쳤다는 것이다.

진실로 신비하기 그지없고 기이하다고 밖에 말할 수 없는 대목이다. 불교에서는 환생을 매우 중요시 여기고 있는데 바로 원을 세우면 그대로 환생하게 된다고 한다. 하지만 재송도인이 선술仙術이 뛰어나서 생사를 마음대로 했다기보다는 입지발원立志發願의 굳은 신념이 이러한 불가사의不可思議의 경지를 일구었다고 보아야 한다.

우리들은 신념이 박약하고 입지가 튼튼하지 못하기 때문에 이것을 신비하게 생각할시 모르시만 굳은 정성으로 순일純一한 일념一念의 결정結晶이라면 이 정도의 생사자재生死自在나 환생왕복還生往復은 그다지 크게 어려운 일이 아님을 알아야 한다.

'십념왕생원十念往生願'이란 말이 있다. 단 열 번의 염불로도 정토에 왕생한다는 것이 결코 허언이 아닐 것이다. 지극한 원력願力으로 신심 있게 정진하는데 어찌 육도六途가 가로막을 수 있으며 생사에 장애가 있을 수 있겠는가. 이것을 초월한 경지가 바로 열반과 해탈이며 성불이요 정토이다.

唯心生故　種種法生　唯心滅故　種種法滅
유심생고　　종종법생　　유심멸고　　종종법멸

원효元曉 스님의 법문이다. 의상義湘 스님과 같이 당나라로 유학 가던 길에 요동에서 한밤중 노숙하던 중 갈증을 만나 바가지에 고인 물을 달게 마시고 아침에 깨어 보니 해골 속에 담긴 물이었다는 것이다. 그제야 원효 스님은 구토가 일어나는 것을 보고 그 물에 정淨과 예穢가 있는 게 아니라 오직 마음에서 깨끗하고 더러움이 일어나는 것이라는 것을 깨닫고 이 글을 짓고 당의 유학을 단념했다고 한다. 말하자면 마음을 일으키면 여러 가지 법이 일어나고 마음이 없어지면 여러 가지 법도 없어진다는 '일체유심조一切唯心造'를 깨달았던 것이다. 이 모두가 마음의 소작所作이다.

희노애락喜怒哀樂과 행주동정行住動靜이 오직 마음에서 일어나는 물결이요 영향이다. 성불도 찰나의 마음가짐에서 이루어지는 것이며 지옥도 찰나의 마음가짐에서 만들어진다. 그렇기 때문에 선문촬요禪門撮要에서는 '마음에서 한없는 묘용妙用을 일으키는 자를 두고 부처' 라 하고 '마음에서 한없는 번뇌를 일으키는 자는 중생' 이라고 분명히 일러 놓지 않았던가 말이다.

『화엄경』에 일체유심조一體唯心造라 하였으니 마음 한 번 잘 가지면 부처일 것이요 마음 한 번 잘못 가지면 중생인 것이다. 불교의 구경究竟의 목적은 마음을 아름답게 밝게 바르게 가져 가자는 데 있다. 『아함경』에 이런 말이 있다.

自己心爲師　不依他爲師　自己爲師者　獲眞智人法
자기심위사　불의타위사　자기위사자　획진지인법

내 마음으로 스승 삼고 부디 남을 스승 삼지 말라.
나를 스승인 줄 아는 자는 참 슬기를 얻은 자이니라.

스승이란 결코 객관적 대상에 있는 게 아니라 자기 자신을 잘 가지고 못 가지는 데 있어 그 갈림길이 결정된다는 뜻이다.

阿彌陀佛在何方　着得心頭切莫忘
아미타불재하방　착득심두절막망
念到念窮無念處　六文常放紫金光
념도념궁무념처　육문상방자금광

아미타불이 어디 계시는고
마음 찾기를 간절히 잊지 마소서.
찾고 또 찾아 더 찾을 곳 없는 날이
육문에서는 항상 광명을 놓을 것이다.

아미타불이 서쪽 십만억불토를 지나가 극락세계라는 곳에 있는 줄로만 생각하는 어리석은 대중들에게 참으로 정문일침頂門一鍼의 글이며 가식 없는 설법이다.

내 마음을 바로 찾는 그 날이 아미타불을 친견하는 그날이며 정토 극락에 왕생하는 그 날이다. 극락이 따로 있는 줄 생각한다든지 아미타불이 자심自心이외에 또 있는 줄 생각한다면 그야말로 증사작반蒸砂作飯이 아닐 수 없다.

그러므로 불교를 바로 알고, 바로 믿고, 바로 정진하고, 바로 수행해야만 되는 것이지 항상 부처를 객관적 존재로 생각한다든지 생사고해를 건너가던 열반낙토涅槃樂土가 있는 줄 알아서는 안 된다는 뜻이다. 다시 말해 건너갈 곳도 없다는 말이다. 생사 그 자리가 그대로 찰나에 정토가 되어 순간에 회향할 수도 있다.

때문에 '衆生成佛刹那中중생성불찰나중'이란 말이 있고 '一超直入如來地일초직입여래지'란 말도 있는 것이다. 이것이 불교의 최상승最上乘이며 궁극의 이치이다. 미迷의 껍질이 벗어지면 그 자리가 그냥 부처라는 말이다. 가고 오는 것도 없으며 시간적인 거리도 있을 수 없다는 뜻이다. 자기계발 자기완성이 이루어져 우주의 진리에 귀일부합歸一符合되는 순간을 성불이라 하며 실상에 합치되는 최고의 인격완성을 열반이라 한다.

『염송』첫머리에 다음과 같은 말이 나온다.

未離兜率　已降王宮
미이도솔　이강왕궁
未出母胎　度生已畢
말출모태　도생이필

도솔천을 떠나지 않고 왕궁에 강탄降誕하셨으며
어머니 태중에서 나오시지도 않고 중생을 다 제도하였다

법문도 이만하면 거의 절정이라 할 수 있다. 이 외에 더할 말이
또 무엇이 있겠는가. 불교의 뜻은 짤막한 여기에 다 표현되었다고
보아야 할 것이다. 여기에 무슨 설명이 필요할 것이며 구구한 이
론이 소용 있겠는가. 부처의 본상 그대로를 적나라하게 노정하였
으며 법신 본연의 자세를 숨김없이 보인 직설에 다름 아니다.
　석가세존께서 전세前世 도솔천 내원궁에서 호명열반護明涅槃
의 몸으로 계시다가 중생을 교화하기 위해 중인도 카필라국 정반
왕궁 마야부인의 태중을 빌어 탄생하셨다. 이것은 인간 석가의 출
생연기出生緣起일뿐이다. 본시 부처는 근본당처根本當處에 있어
서 강탄降誕이 있을 수 없으며 출생이 있을 수 없으며 중생제도란

있을 수 없으며 입멸도 있을 수 없다. 말하자면 부처란 석가세존이 발처發處하였을 뿐이지 결코 창조할 수는 없다는 뜻이다. 원래 부처는 천지보다 먼저라도 그 비롯됨이 없는 것이며 천지보다 뒤에라도 그 마침이 없다. 그렇기 때문에 이런 글이 있는 것이다.

古佛未生前　凝然一相圖　釋迦猶未會　迦葉豈能傳
고불미생전　응연일상도　석가유미회　가엽기능전

옛 부처 나기 전에 한 모양 둥근 것을 석가도 모르거니
가섭이 어찌 전할 것인가.

부처란 바로 이런 것이다. 무시무종無始無終이며 불생불멸不生不滅이며 불구부정不垢不淨이며 부증불감不增不減의 존재이다. 우주의 생명이요 실상반야의 본체가 어찌 생멸증멸生滅增滅이 있을 수 있으며 탄생과 입멸入滅이 있을 수 있겠는가 말이다.

　이러한 뜻을 한층 더 명확하게 하기 위해 『금강경』에는 이런 글을 써 놓았다.

金佛　不渡爐　木佛　不渡火　泥佛　不渡水
금불　부도로　목불　부도화　니불　부도수

쇠로 만든 부처는 화로에 견딜 수 없으며,

나무로 만든 부처는 불에 견딜 수 없고,

흙으로 만든 부처는 물에 견딜 수 없다

권술權術이 없고 방편方便이 없는 진심직설眞心直說이다.

쇠로 만든 부처, 나무로 만든 부처, 흙으로 만든 부처는 『원각경』에 일러 놓은 말과 같이 달을 가리키는 손가락이며 길을 안내하는 이정표에 불과하다. 이것을 정말 부처로 안다든지 영원의 생명체로 오인誤認해서는 그야말로 하루종일 돈을 헤아려도 제 돈이라곤 한 푼도 없는 것과 같다.

'終日圓覺而 未嘗圓覺종일원각이 미상원각' 이란 말이 있다.

하루종일 원각 속에 놀면서도 원각을 맛보지 못한다는 말이다. 이 얼마나 슬픈 소식인가 말이다. 더구나 근대에 와서는 진성眞性 본연의 부처를 바로 볼 줄 모르고, 금불·목불·토불을 참 부처로 생각하는 어리석은 부류들이 점점 많아져 가고 있는 사실은 정말 일대통탄사가 아닐 수 없다. 미신이란 종교적 차원에서만 볼 것이 아니라 사물을 바르고 옳게 판별하지 못하고, 제 정신을 똑바로 진리에 입각하지 못한 사고라면 이 모두를 미신으로 규정하더라도 조금도 지나친 말이 아닐 것이다.

더구나 부처를 바로 알지 못하고 엉뚱한 곳에 부처가 있는 줄

생각하는 것보다 더 큰 미신은 이 세상에 없다는 것을 명심해야 한다. 다른 종교는 모두 믿어야 할 대상이 따로 있지만 불교는 믿어야 할 대상이 따로 존재하지 않는 것이 특색이다.

저 유명한 서산 스님은 또 이런 말을 하지 않았던가.

主人夢說客　客夢說主人　今說二夢客　亦是夢中人
주인몽설객　객몽설주인　금설이몽객　역시몽중인

주인은 손님에게 꿈 이야기를 하고
손님은 주인에게 꿈 이야기하네.
꿈 말하는 두 사람이 모두가 꿈이로다.

사대四大가 허가虛假하니 이것도 꿈이지만 천지가 무상한 것 또한 꿈이 아닐까. 꿈속에 살면서도 꿈인 줄 모르고 꿈을 가지고 참이라 생각하는 어리석음! 부처의 안타까움은 여기 있는 것이며 보살의 눈물은 깨치도록 하는 데 있다. 꿈을 깨치면 그것을 정각正覺이라 하는 것이며 확실히 꿈인 줄 아는 시간을 발심發心이라 한다.

『반야심경』에 나오는 '色卽是空 空卽是色색즉시공 공즉시색'은 무엇 하러 조석朝夕으로 독송한단 말인가? 이것이 모두 꿈을 깨우치는 종소리가 아니고 무엇이란 말인가! 가는 것도 꿈이니 오는 것도 꿈 아닐까? 태어나는 것도 꿈이며 죽는 것도 꿈이 아닐까. 꿈속에 살면서도 꿈 아닌 양 큰소리가 참으로 우습구나. 그렇기 때문에 『금강경』에는 '如夢幻泡影여몽환포영'이라 하였으며 『원각경』에는 '生死涅槃猶如昨夢 생사열반유여작몽'이라 했던 것이다.

　여기에 대해서는 동서의 각자覺者들이 거의 비슷한 소리들을 한 것 같다. 제갈량은 남양초당에서 '大夢誰先覺 平生我自知대몽수선각 평생아자지'라 하였으며 압세壓世 철학자 쇼펜하우어는 인생이란 꿈을 먹고 사는 동물이라 하였으니 말이다.

　『화엄경』에 보면 이런 말이 있다.

　　一念普觀無量劫　無去無來亦無住
　　일념보관무량겁　　무거무래역무주
　　如是了知三世事　超諸方便成十力
　　여시요지삼세사　　초제방편성십력

　한 생각으로 먼 겁을 관하니
　가고 옴도 없고 머무는 것 또한 없네.
　삼세 일을 이렇게 알고 보면

모든 방편을 초월하여 부처를 이루리라.

　부처라는 진체眞體에 어찌 시간이 가로막을 수 있으며 공간이
걸릴 수 없으랴! 시방이니 삼세니 하는 관념에 사로잡혀 아我와
인人이라는 분별에 구애가 된다고 해서는 결코 부처를 볼 수 없
다. 그야말로 외외절정巍巍絕頂의 경지이며 탕탕무애蕩蕩無涯의
도리를 확철하게 오달悟達하지 않고서는 천언만담千言萬談이 황
엽黃葉과 조박糟粕에 불과할 뿐이다.
　『금강경 오가해』에 보면 이런 글이 있다.

　　春色無高下　花枝自長短
　　춘색무고하　　화지자장단

　　봄빛은 높고 낮음이 없는데
　　꽃가지는 제멋대로 길기도 하고 짧기도 하다

　건곤에 가득히 부는 봄바람이 어찌 고하高下의 차별이 있을 것
이며 장단의 심천深淺이 있을 수 있겠는가. 일리제평一理齊平한
봄이지만 도홍桃紅 이백李白 장미자薔薇紫의 천종 만차萬差가 벌
어지고 형형색색形形色色이 상이한 것은 진실로 우주의 묘용妙用

이요 건乾의 조화가 아닐 수 없다. 불성佛性도 마찬가지이다. 대허大虛에 편만遍滿하고 시방十方에 창일漲溢한 진여법성이 어디는 더하고 어디는 덜한 곳이 있을 수 있으랴.

그러나 중생은 그 업종業種에 따라 또한 인연에 따라 대소大小가 있고 생사生死가 있고 고하高下가 있고 단短이 있고 증멸增滅이 있다. 의보依報 정보正報가 벌어지고 동업同業 별업別業이 벌어지고 육도윤회가 벌어지는 이것이 과연 무엇이란 말인가? 부처가 중생을 제도한다는 말은 엄밀히 생각할 때 말이 안 되는 소리이다.

중생 자신이 포고怖苦 발심하여 모든 진연塵緣을 탈피하고 마음에 구애가 없는 경지에 이르러 우주대생명에 귀합일치되는 이것을 성불이라 한다면 중생은 비로소 자신을 제도할 수가 있게 된다.

말하자면 부처의 대광명大光明 대자재大自在한 무량 위덕威德이 있다는 것을 확실히 깨닫고 반류返流의 고비를 꺾어 들어갈 수 있는 자세가 될 때만이 곧 제도되는 순간이라 할 수가 있는 것이다. 아무리 부처의 힘이 위대하다고 하더라도 부처 일방一方의 편에서 중생을 제도할 수는 결코 없으며 부처의 묘용을 그렇게 생각한다면 이것 역시 미신이라 단정할 수밖에 없다.

태양의 따뜻한 광선이 어느 동물이나 어느 식물에 더 쪼여 주고 덜 쪼여 주는 이러한 차별이 있을 수 없는 것처럼 부처의 대자대비도 중생을 골라 제도의 손길을 뻗을 수가 없는 것이다. 다시 말해 자기가 자신을 제도하는 것보다 더욱 확실한 제도는 없다는 말이다. 이는 남의 힘으로는 절대로 자신을 제도하지 못함을 뜻한다. 원근遠近이 떨어지고 친소親疎가 떨어지고 고하심천高下深淺이 떨어지고 증수憎受가 떨어지고 생사가 떨어진 자비라야 진실로 대자대비인 것이다.

후厚와 박薄이 있고 장長과 단短이 있는 자비라면 이것은 결코 대자대비가 될 수 없다. 산산수수山山水水 그대로가 대자대비이며 추국秋菊, 춘란春蘭 그대로가 무연대비無緣大悲이다. 일초일목一草一木이 불신佛身의 방광放光이 아닐 수 없고 일석일금一石一禽이 비로자나의 서기瑞氣가 아닐 수 없다. 그러한 뜻에서 '溪聲便是廣長舌 山色豈非淸淨身 계성편시광장설 산색기비청정신' 이라고 소동파蘇東坡가 외쳤으며 산하대지 그대로가 법신 진체眞體라고 고조古祖들이 갈파하였는지도 모르겠다.

열반하신 설봉雪峰선사를 찬讃으로 범어사 지원智源 스님은
이렇게 읊으셨다.

山靑手碧毘盧眼　月白風靑釋迦身
산청수벽비로안　월백풍청석가신
若問先師路頭意　金井山屹洛水急
약문선사로두의　금정산흘락수급

푸른 산 푸른 물은 비로자나의 눈이요
밝은 달 맑은 바람은 석가의 몸이로세.
설봉스님의 참 뜻을 묻는 이 있으면
금정산 제대로 높고 낙동강 유유히 흐른다.

설봉의 본체와 우주 대생명의 본체本體가 결코 둘이 아님을 읊
은 것이다. 금정산과 낙동강이 그대로 비로자나의 전신이며 설봉
의 본 모습도 그대로 비로자나의 전신이란 것을 도파道破한 말이
다. 불교의 진수는 바로 여기에 있다. 천만 가지 차별상은 오직 대
총상大總相과 법문체法門體를 잊음으로 인해 벌어지는 현상이다.
그 잊음의 껍질이 벗겨지는 그날이 바로 진여문眞如門으로 귀일歸
一되는 것이다. 이것이 법신이며 본체요 또는 부처인 것이다.

그럼, 유명한 대문호 소동파의 누님이 지었다고 하는 관음상찬 觀音像讚을 보자 이것은 누구나가 다 알고 있는 명구名句이다.

白衣觀音無說說　南巡童子不聞聞
백의관음무설설　　남순동자불문문
瓶上綠楊三際夏　檻前翠竹十方春
병상녹양삼제하　　함전취죽시방춘

백의 관세음이 설해도 설함이 없고
남순동자는 들어도 늘음이 없어라.
병에 꽂힌 버들가지 삼제三際의 여름이요
난간 앞 푸른 대나무는 시방의 봄이네.

관세음보살의 옷을 희게 푸르게 검게 누르게 나타내는 것부터가 우습기 짝이 없는 일이며 버들이니 대나무이니 하는 것도 모두가 말이 되지 않는 일일뿐 아니라 관세음보살이니 지장보살이니 문수보살이니 보현보살이니 하는 분들은 역사적인 인물이 아니라 가공적인 인물로서 항상 말하는 우리의 진리이며 영원의 대생명인 청정법신의 이명異名이다. 그 한 덩어리 청정법신의 슬기 부문을 문수文殊라 하는 것이며 자비부문을 가리켜 관음觀音이라 한다.

결코 관음과 문수와 지장과 보현을 개체가 따로 있는 줄 안다든지, 실제 인물로서 생각해서는 안 된다는 뜻이다. 그러므로 빛깔이 흰 것일 수도 없고 또한 검을 수도 없다. 진리의 빛깔을 어찌 색소色素로 규정할 수 있으며 물질로 볼 수 있겠는가 말이다.

특히 우리나라는 관음 신앙이 특별하여 그 신기한 영험과 유구개수有求皆遂의 신통은 유구한 세월에 깊이 뿌리박혀 이 사상이 불교의 거의 반 이상을 차지하고 있게 된 점은 신앙적 측면으로 볼 때는 매우 훌륭한 일이기는 하지만, 거의 대다수의 불자들이 관세음보살을 신격화하여 객관의 대상으로 믿게 되고 심지어 여자니 남자니 하는 따위의 우담망설遇談妄說까지 나오게 된다는 것은 실로 한심하기 그지없는 일이다. 이와 같이 미신에 젖어 있는 사람이 많은 것은 아직도 부처를 잘못 이해하고 있기 때문이다. 그러므로 불교를 바로 이해하기 위해 노력하지 않으면 안 된다.

관세음보살의 설법은 무시무종無始無終이며 불생불멸不生不滅의 무소유처이다. 때문에 항상 설법說해도 설법說이 아니며 남순동자라는 가상의 동자가 들어도 들은 것이 없다는 뜻이며 버들가지와 푸른 대나무는 시간과 공간의 걸림을 받지 않는 청정법신의 장엄을 의미한다. 그러므로 불교란 어느 방면에서라도 항상 진여 법신에 귀일부합하는 경지라는 것을 반드시 깊이 명심해야 한다.

관음 신앙은 동남아가 거의 같은 형태로 융성하지만 우리나라에는 전래되는 토속 신앙과 결합되기도 하고 그 영험과 전설이 너무도 깊이 뿌리가 박혀 있으며 보편화되어 있다. 위에서도 말한 바와 같이 관음보살을 무슨 신神으로 본다든지 특별한 존재로 보는 풍습은 이제 일언폐지一言弊之되어야 한다. 이것은 한갓 미신에 지나지 않기 때문이다. 무량수無量壽 무량광無量光 청정 대법신의 이칭異稱으로 생각한다면 무방할 것이다.

圓覺山中生一樹　　開花天地未分前
원각산중생일수　　개화천지미분전
非靑非白亦非黑　　不在春風不在天
비청비백역비흑　　부재춘풍불재천

원각산에 한 나무가 났으니
꽃은 천지가 나누어지기 전부터 피었구나.
푸르지도 않고 희지도 않으며 또한 검지도 않고
봄바람에 있는 것도 아니며 하늘에 있는 것도 아니다.

기어이 따지자면 원각산은 무엇이며 또 나무는 무엇인지 잘못하면 원각산과 나무를 둘로 생각할 수 있을지 모르지만 이 역시 생각해서는 안 되는 것이다. 산이니 나무니 하는 이름이 붙게 되는 것도 벌써 옳게 말하자면 틀린 것이라 할 수 있다. 그러나 여기에 있는 본뜻은 산과 나무에 있는 게 아니라 청정 본연한 우주의 진리 곧 부처라고도 하고 마음이라고도 하는 이것은 색상色相으로도 표현할 수 없고 시공時空으로도 논설論說할 수 없는 것이라는 데에 그 중점重點이 있는 것이다.

천지가 있기 이전에 꽃이 피었고 그 꽃은 청색도 아니며 백색도 아니며 흑색도 아님을 일러 주기 위한 부처의 본상本相을 가장 여실히 설명한 대목이다. 관음보살도 마찬가지이다. 관음보살을 여자니 흰옷이니 붉은 옷이니 하는 따위의 사고방식은 재고의 여지없이 미신으로 규정하는 것이며 심지어 점쟁이나 무당들이 관세음보살이 눈에 보인다느니 석가모니가 보인다느니 하는 등은 대성大聖을 모독하는 현상이다. 이것이야말로 언어도단이 아닐 수 없으며 세기말적 이변에 지나지 않는다.

야부冶父 스님이 일찍이 이런 말씀을 하신 것이 『금강경』에 적혀 있다.

虛空境界豈思量　大道幽淸理更長
허공경계기사량　대도유청이갱장
涅得五湖風月在　春來依舊百花香
열득오호풍월재　춘래의구백화향

허공경계를 어찌 헤아릴 수 있으랴.
큰 도는 깊고 맑아 이치 또한 깊나니
오호五湖의 풍월風月을 알기만 하면
봄이 올 때 여전히 꽃향기가 가득하여라.

허공경계란 우리들의 심성心性을 비유한 말이다. 우리들의 심성 곧 불성佛成이란 조화난측造化難測하고 불가사의하여 범부의 사량思量과 분별로서는 도저히 측량할 수 없는 것이 마치 허공경계를 측도測度할 수 없는 것과 같다. 그러므로 대도란 깊고 맑아 이치 또한 길어서 언설言說이 미치지 못하고 이론이 닿지 않는 곳이란 말이다.

다만 오호五湖의 풍월, 다시 말해 반야般若의 대지혜大智慧인 우주의 본성 원리를 깨치기만 하면 격외의 봄은 항상 푸르기만 하고 백화百花의 향기는 영원히 가득할 것이란 뜻이다.

이와 같이 모든 조사祖師들과 눈 밝은 납자衲子들이 한결같이 같은 뜻의 말을 우리들에게 분명히 일러 주었건만 어리석고 어둡고 미련한 중생들은 똑바로 친절히 일러 준 그 말의 의미를 알아듣지 못하고 미신의 구렁에서 허덕이고 있는 이것이야말로 진실로 가엾기 그지없는 일이다.

또 종경宗鏡스님은 하도 답답하여 이런 말씀을 하셨다.

一月普現一切水　一切水月一月攝

일월보현일체수　　일체수월이월섭

하나의 달이 여러 물에 나타나지만
여러 물의 달이 곧 하나의 달이로다.

　얼마나 적절한 비유인가. 일원상一圓相 최청정最淸淨 진여불성
眞如佛性은 건곤乾坤을 포섭하고 우주를 노래하는 하나의 진리
덩어리지만 그것이 삼라만상에 비치지 않는 곳이 없으며 현화現
化치 않는 곳이 없음이 마치 천심天心에 떠 있는 달이 천강만수千
江萬水에 현상現象하는 것과 같으며 삼라만상과 형형색색形形色
色이 모두가 각자各自의 본성本性을 가진 것 같지만 실상實相에
있어서는 전부가 진여라는 한 덩어리의 작용이란 것을 확실히 알
아야 한다.

　깨달은 눈으로 볼 때는 하나뿐이요 미迷한 눈으로 볼 때는 천태
만상의 분별이 있는 것이다. 여기에 귀합일치되는 경지를 오달悟
達하는 것이 바로 불과佛果를 증득하는 것임을 모두는 명심해야
한다. 그러므로 아미타불이니 관세음보살이니 문수보살이니 하는
것은 모두가 진여세계 곧 청정법신의 분화分化를 지칭한 말이다.

　하늘에 있는 달과 물속에 있는 달을 둘로 볼 수 없는 것처럼 진

여법성과 일체만상은 결코 둘이 아닌 하나이다. 또 야부治父 스님
은 그래도 못 알아들을까 하여 이렇게까지 말씀하시지 않았는가.

　　廓落太虛空　鳥飛無影跡
　　곽낙태허공　　조비무영적

　　넓고 큰 허공에 새가 날아도 흔적이 없구나.

　　허공에는 작은 새도 날고 큰 새도 날고 구름도 덮이고 바람도
지나고 눈과 비도 뿌리지만 그것들이 지난 다음 허공에는 아무런
자취도 남지 않는 것과 같이 청정진여세계에는 생사도 없고 거래
도 없고 남녀도 없고 노소도 없고 증감도 없다.
　　그렇기 때문에 '佛智廣大同虛空불지광대동허공' 이란 말도 있
는 것이다. 미움과 고움도 없으며 멀고 가까움도 없고, 동動도 없
고 정靜도 없는 것이 부처의 본상本相이다.
　　그러나 진공眞空이면서 묘유妙有의 법을 알아야 하는 것이다.
　　모든 것을 없다고만 부정해 들어가지만 실상의 세계에서 일어
나는 대자대비大慈大悲가 있고 신통묘용神通妙用이 있는 것이 바
로 부처의 본상이다. 다시 말해 사념과 방편과 분별과 개교計較따
위로서는 절대로 부처의 유현幽玄한 경지를 측도測度할 수 없다

는 것을 알아야 한다.

유무有無가 초월된 세계, 선악善惡이 미치지 못하는 세계, 언어가 단절된 세계, 생사가 끊어진 세계, 시공時空에 걸리지 않는 세계, 이것이 바로 부처의 세계인 것이다.

근세 한국 선풍禪風의 중흥조였던 경허 스님 이후 수월 스님, 혜월 스님, 만공 스님, 한암 스님, 여용약호如龍若虎한 청안사자靑眼獅子들 가운데 특히 뛰어난 혜월 스님의 전법 정맥으로 운봉 스님이 계셨는데 이 스님 역시 명안종사明眼宗師로 선풍禪風을 천양薦揚하였음은 물론, 대기대용大機大用과 살활자재殺活自在의 고순한 법으로 많은 중생을 제도하셨으며 소침한 종풍을 건곤에 포양布揚하셨으니 참으로 그 위대함이 언어의 도道을 지났다고 할 수 있다.

운봉 스님께서 석심石心 스님에게 수계受戒를 하실 적에 이런 말씀을 하셨다.

釋迦失足墮深坑　直至如今無消息
석가실족타심갱　　직지여금무소식

석가가 실족하여 깊은 구렁에 떨어진 다음
아직까지 소식이 없다.

조달調達이 대죄大罪을 짓고 생몰지옥生沒地獄한 다음 석가가 이곳에 들어와야 내가 나가게 될 것이라 하였던 것이다.

얼마나 멋진 이야기인가! 참으로 범견凡見으로는 상상조차 할 수 없는 경지이다. 석가는 위대하고 조달은 극악한 줄로만 생각하는 따위의 견해로서는 감히 이렇게 차원 높은 세계를 규찰窺察할 수 없다. 불교에서는 범인凡人들의 사고로나 추측으로는 도저히 상상도 할 수 없는 경지가 거의 전부이다.

조달이라면 극악무도極惡無道한 줄만 알고 신수대사神秀大師보다 근기根機가 떨어지는 줄로만 아는 것이 보통이지만 사실에 있어서는 조달이 결코 석가에 못지않으며 신수대사가 절대로 육조대사보다 열劣하지 않다는 것을 확실히 알아야 한다. 여기에 진정 불교의 묘미가 있으며 원숙한 지혜가 필요하다.

모두가 중생을 교화하기 위해 격조 높은 방편을 보인 것이며 실實을 나투기 위해 권權으로 그 위차位次를 설정한 것이라는 것을 다시 깨달아야 한다. 운봉雲峰 스님께서 하신 석가가 실족해 구렁에 빠진 이후 지금까지 소식이 없다는 그 말씀을 어떻게 받아들여야 할 것인가?

불교의 본체상本體相으로 볼 때 석가가 출생한 것은 확실히 커다란 실족이다. 이러한 도리가 진정 불교의 멋이요 최상승最上乘이요 절대의 실체를 바로 보인 격 높은 절정이라 할 수 있다. 기도

나 염불이나 송주誦呪나 간경看經 같은 일상행사들은 모두가 이 절정에 오르기 위한 갖가지의 수단에 불과함을 투철히 깨달아야 할 것이다. 염송은 고조古祖들의 그 호탕한 경지와 오달悟達한 내용을 설파한 격외 선지宣旨의 집대성이며 격외 소식의 총합체이다.

조계종의 스님이라면 아무리 못해도 염송 한 권 쯤은 독파해야 될 것이며 육조 이후의 울흥창창했던 청안종사들의 행적과 가비家飛를 대강이라도 짐작해야 할 것이다. 염송은 그야말로 불조佛祖의 진수이며 경절徑截의 요체이다.

신광神光이 일월보다 빛나고 살활이 촌각寸刻의 유예를 주지 않으며 고준한 법문과 직지인심의 자비를 한눈으로 훑어 볼 수 있는 것이 바로 이것이기 때문에 진실한 불자라면 이를 읽어 그 뜻을 음미 감상해야 한다. 격格 높은 조사들의 면모를 십분 이해하지는 못한다 하더라도 그 어록의 조박糟粕이나마 새삼 맛을 보아야 할 것이며 그 담백한 법문 속에 한 번이라도 고요히 젖어 보아야 한다는 뜻이다.

欲識古人端的旨　山前麥熟十秋
욕식고인단적지　산전맥숙십추

운대雲坮 스님의 글이다. '고인古人의 바른 법을 알고 싶다면

산 앞의 가을 보리 한창이로세.' 정말 어깨가 으슥해지는 멋있는
법문이다. 고인의 바른 법이 특별히 따로 있는 게 아니라 그 때 마
침 보리가 누렇게 산비탈 밭두렁을 물들이고 있었던 모양이다. 운
대雲坮 스님은 고인古人의 단적지端的旨를 눈앞에 보이는 맥추麥
秋의 풍경으로 직설하였다.

산하대지와 일체만상이 그대로 여여如如한 진체묘성眞體妙性
일진대 밭두렁 가을 보리가 어찌 고인의 단적지가 아닐 수 있으
랴! 여기는 기교와 변재辯才를 벗어난 진실된 실상을 여실히 노출
도파道破한 소식일 것이다.

또 장영長靈 스님은 이렇게 읊으셨다.

風勁葉頻落　山高日易沈　坐中人不見　窓外白雲深
풍경엽빈락　산고일역침　좌중인불견　창외백운심

바람치니 잎 떨어지고 산 높으니 해 빨리 진다.
빈방 아무도 없는데 창 밖에는 구름만 깊어라.

시로서도 이만하면 거의 신운神韻에 가까운 경지이다. 마치 산
사의 가을 풍경을 보는 것 같다. 불법의 깊은 이치가 별세계에 있
는 것이 아니라 잎 지고 고요하고, 해지고 구름 날고. 아무라도 볼

수 있고 누구라도 느낄 수 있는 일상의 생활 속에 또는 일상의 풍경 속에 조사의 격 높은 법문이 쏟아지고 있다는 것을 설파하신 내용이다.

지금까지 중국의 고승조사高僧祖師들의 절구絶句를 소개한 것이 대부분이었지만 우리나라 고덕高德들의 뇌락磊落한 경지는 결코 그 누구에게도 떨어지지 않는다. 이를 몇 구句의 글로써 보이고자 한다.

저 유명한 진묵스님의 웅혼한 금도襟度와 고준한 법량法量을 한 번 살펴보자.

天衾地席山爲枕　雲屛月燭海作樽
천금지석산위침　운병월촉해작준
據然大醉仍起舞　却嫌長袖掛崑崙
거연대취잉기무　각혐장수쾌혼곤

하늘을 이불삼고 땅을 자리하고
산으로 베개삼고 구름으로 병풍치고
달빛으로 촛불삼고 바다로 술통삼아
거연히 크게 취해 일어나 춤을 추니
긴 장삼 소맷자락이 곤륜산에 걸릴까 걱정일세.

많은 시인이 있었고 많은 조사들의 청안 법구法句가 있었지만 이렇게 웅대한 포부와 격 높은 법문이란 진실로 전무후무하다 하지 않을 수 없다. 감히 누가 이 앞에 고개를 들 것이며 요설撓舌의 누累를 끼치겠는가 말이다. 이것을 일러 외외절정巍巍絕頂이요 탕탕무애蕩蕩無碍라 하는 것인지도 모르겠다. 스님의 빛나는 눈앞에는 시방十方도 끊어졌고 삼세三世도 민멸泯滅한 것이다.

광대무변한 법량을 포장할 수 있는 그릇이라면 이 정도의 금회襟懷를 가져야 할 것이다. 진묵 스님의 모습이 눈앞에 보이는 것 같다. 이것 하나만으로도 능히 한국 고승의 면모를 천하에 과시한 것이라 생각한다.

또 바로 근세에 열반하신 효봉 스님께서는 무상월無相月이라는 분에게 이런 글을 일러 주었다.

我有一輪月　無影亦無相　若欲見此月　善心切莫忘
아유일륜월　무영역무상　약욕견차월　선심절막망

나에게 달이 하나 있으니 모양도 없고 그림자도 없어라
이 달을 보고 싶거든 착한 마음 잊지 말아라.

모양도 없고 그림자도 없는 달이란 무슨 말일까? 모든 중생이다 가지고 있으면서도 가지고 있는 줄까지 모르고 있으니 참으로 답답하기 그지없다. 이 달을 찾아보고 싶다면 착한 마음을 잊지 말라.

착한 마음이라 했으니 보시공덕布施功德이나 닦는 그러한 착한 마음은 결코 아닐 것이다. 이것을 찾는 예지叡智, 이것이 곧 불안佛眼이요 법안法眼이다. 우리들은 이 눈을 얻기 위해 노력하는 것이며 또한 정진하고 있는 것이다.

이론과 구두口頭로 아는 것이 아니라 오달悟達의 체험으로 실상實相의 대지大智가 개발되어야 한다. 한없는 불전佛典가운데 명시 절구가 중중무진重重無盡하지만 이것을 낱낱이 해설하기에는 너무도 벅찬 작업이었다.

끝으로 권하고 싶은 것은 불자라면 선문촬요와 염송쯤은 기어이 읽어 두는 것이 매우 좋을 것 같고, 외람되이 고조들의 뜻 깊은 어록語錄과 격외 선지禪旨의 뇌락磊落 고준한 경지를 감히 겁 없이 남남喃喃 주설註說한 것이 오직 공구恐懼할 뿐이다.

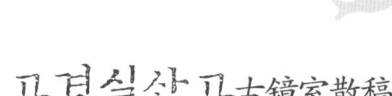

고경실산고古鏡室散稿

피안彼岸

저쪽 언덕이란 뜻이다. 우리들은 언제나 저쪽 언덕을 그리워하고 동경하면서 모든 성력誠力과 수행修行을 기울여 정진하고 있다. 그렇다면 도대체 저쪽 언덕이란 어떤 곳이기에 우리들이 열심히 그곳에 가기를 원하고 있을까?

현실적으로 저쪽 언덕이란 우주 어느 한구석에 있는 것을 가지고 말하는 것인지 그러한 곳은 사실상 없지만 인간들이 가상으로 그러한 장소를 가설해 놓고 다만 권선징악의 사상으로 동경하도록 만들어 놓은 것인지 좌우지간 피안은 오랜 역사를 통해 전 인류에게 지대한 역할을 하였으며 많은 사람을 구제한 것은 사실이다.

불교에서는 이를 두고 극락이라 하고 예수교에서는 천당이라 하며 혹은 유토피아니 파라다이스니 하는 이상의 세계를 말하고 있는 것은 결코 부정할 수 없는 현실이다. 불교에서 피안이라 하는 말은 곧 극락이란 말뜻과 상통한다. 결국 이것은 동일한 어의 語意라고 할 수 있다.

다른 종교에서 하는 말들은 모두가 인간이 신이라는 절대자에게 귀의복종하면 신의 위력威力과 구제救濟의 감응感應에 의하여 그 사람을 그러한 낙토樂土에 나도록 만들어 준다는 완전히 타력적他力的인 교의敎義로 구성되어 있다. 결코 인간 스스로의 힘으로는 도저히 그곳에 도달될 수가 없다는 것이 그들의 일활적一活的인 완설完說이다. 하지만 이것을 두고 불교에서는 한갓 가설假說의 세계로 보지도 않으며 또한 이 우주 안 어느 구석에 실재하는 세계로도 보지 않는다. 그렇다면 피안이니 혹은 극락이니 하는 말들을 어떻게 소화시킬 것이며 어떻게 합법화할 것인가? 아니 합법화가 아니라 대성 석가세존의 참마음이 무엇이며 이러한 세계는 실제 어느 곳에 있다는 것일까? 하는 것을 정확히 구명究明해보고자 한다.

흔히 피안으로 건너간다는 말은 이쪽에서 저쪽으로 건너간다는 뜻이다. 그러나 대다수가 여기 강물이 있는데 이쪽 기슭에서 배를 타고 저쪽 언덕으로 건너가는 것 같은 관념을 가지고 생각한다. 또한 반드시 죽어야만 피안으로 가는 것인 줄 알고 있는 사람들도 있다. 하지만 이 같은 생각은 참으로 잘못된 생각이다. 어쩌면 경악을 금할 수 없는 일이며 일대 통탄사一大痛嘆事라 하지 않을 수 없다.

저 언덕이라 하였으니 거리감을 가지는 것 같고 시간적인 유예가 있는 것처럼 생각하기 쉬운 것도 사실이지만 여기서는 절대로 시간적인 유예라든지 추호의 거리감도 가져서는 안 되며 또한 이러한 일들은 있을 수도 없다.

『화엄경』에 보면 '一超直入如來地일초직입여래지'란 말이 있으며 '衆生成佛刹那中중생성불찰나중' 이란 말도 있지 않은가. 그러므로 중요한 것은 피안에 도달되려면 어떻게 해야 뇌는가 하는 것인데 이 문제는 지극히 간단하다는 것을 알아야 한다. 말하자면 마음속에 가진 어리석은 생각들을 완전히 제거하게 되면 그것이 그대로 피안인 것이다. 그러면 어리석다는 것은 무엇인가? 우리들은 각자 모두 똑똑한 것처럼 생각하고 밝은 것처럼 생각하고 잘난 것처럼 생각하고 욕심을 도에 넘게 부리고 하찮은 일에 성을 잘 내고 남을 생각하는 마음이 모자라고 기만과 모략을 버리지 못한다. 이러한 것들을 일러 어리석다고 한다. 이러한 것들이 없어지면 우리들의 마음속은 오직 맑고 깨끗하고 아름답고 성스러운 지경에 이르게 되는 것이다. 이것을 가리켜 부처라 하는 것이며 부처가 되는 이것을 피안이라고 한다. 마음의 때가 없어진 것을 부처 혹은 피안이라 한다면 이것은 건너가는 것도 아니며 시간적인 유예도 있을 수 없다.

다시 말하자면 마음이 맑아지면 그 순간 우주의 실상實相에 부합되는 것이며 우주의 대생명을 바로 볼 수가 있게 되는것이다. 번뇌와 망상의 껍질을 벗어 버린다면 마음이 맑아지고 그 찰나가 바로 피안彼岸이며 극락이며 성불이다.

결코 피안이란 따로 있을 수 없으며 특히 타력他力에 의해 구해진다고 생각하는 것은 어불성설에 지나지 않는다. 거리가 있다고 믿는다거나 시간적인 관념으로 알아서는 피안의 개념을 도저히 모르는 일이라 간주看做할 수밖에 없다. 그러므로 피안이란 결코 타력이 아니라 자력自力으로 얻어지는 것이며 먼 데 있는 것이 아니라 나의 일념一念 속에 있는 것이며 오랜 시간이 걸리는 것이 아니라 찰나 곧 순간에 있다는 것을 알아야 한다.

해탈解脫

풀려 벗어났다는 말이다. 다시 말해 꽁꽁 묶여서 꼼짝할 수 없이 얽혀 매어져 있다가 묶어 놓은 노끈이 다 풀어지고 끊어지듯이 자유자재하게 아무 데도 걸림 없이 된 것을 해탈解脫이라 한다.

사실, 인간의 본능本能은 외적으로 보아 신체의 구속이나 부자유 같은 작은 문제에서조차 해방을 원하고 있다. 더구나 내적인 마음의 부자유와 구속은 더 큰 문제가 아닐 수 없다.

여기서 해탈이라 하는 것은 아집과 아상을 버리고 오욕과 탐진貪瞋세계에서의 초출超出을 의미한다. 말이 쉬워 아집, 아상 또는 오욕과 탐진이라지만 이것은 너무도 중대한 작업이라 할 수 있다. 석가세존 같은 어른도 일생이생一生二生에 된 게 아니라 과거 무량세無量世에 걸쳐 이 작업을 계속해 왔다. 그러므로 긴 생을 노력하지 않고서는 절대로 성취할 수 없는 무서운 작업이 바로 해탈이라 할 수 있다.

『반야심경』에 보면 '마음에 걸림이 없으면 두려움과 어리석은 생각이 없어진다.'고 하였으며 이렇게 되고 보면 그 다음에 오는 것이 부처라는 마지막 지위뿐이라고 확실히 일러 놓지 않았던가. 그러므로 대자유, 대평등에 도달하는 것이 바로 해탈이며 성불인 것이다. 우리들의 과업課業은 아집, 아상을 버리고 오욕과 탐진貪瞋의 속박束縛에서 벗어나기를 최종의 목적으로 삼고 있다. 그래서 참선도 그것이요 염불도 그것이며 주력도 그것이요 간경도 필경은 그것이다. 이 하나를 달성하기 위해 천만 가지의 방법이 있을 뿐, 이외의 다른 목적이나 다른 길은 결코 있을 수가 없다.

사상四相

　우리 불교에서는 이것을 제일 싫어하고 미워한다. 이것만 없어지면 곧 부처이기 때문이다. 숫자상으로 볼 때, 단지 이 네 가지를 두고 설마 "이것쯤이야." 하고 간단하게 생각하다가 말려들 수도 있다. 하지만 이것은 매우 어려운 문제이다. 물론, 이 네 가지를 다 끊으려고 힘쓰는 것도 중요하지만 그보다 제일 먼저 한 가지만이라도 완전히 끊을 수 있다면 그 밖의 것은 자연스럽게 끊어지게 된다. 그렇다면 대관절 이 네 가지란 무엇을 말하는 것이며 이렇게도 끊기 힘든 것일까? 한번 살펴보기로 하자.

　첫째, 아상我相이다.

　이것은 색수상행식色受想行識, 이 다섯 가지로 구성되어 있는 나〔我〕라고 하는 존재를 실재의 실아實我로 믿고 모든 것을 이를 중심으로 생활해 나가기 때문에 여기에 대한 강한 집착이 생겨나게 된다. 즉 나를 중심으로 탐진치가 일어나게 되고 오욕과 일체의 번뇌가 생겨나게 되고 거기에 따라 일체의 악업惡業이 조성되어 윤회의 고뇌를 면할 수 없어 결국 부처의 길에서 멀어지게 되는 것이다. 다시 말해 주관主觀이 굳센 집념에 사로잡혀 사리事理를 명철하게 판단하지 못하게 되고 우주의 본체를 바로 보지 못하게 되는 어리석음을 범할 수 있다. 만일 이 한 가지만이라도 완전히 제거시킬 수만 있다면 그 자리에서 반야의 밝은 슬기를 볼 수 있게 되며 또한 해탈이니 열반이니 성불이니 하는 막바지에 도달될 수 있게 된다.

둘째는 인상人相이다.

주관을 성립시켜 놓고 보면 객관이란 필연적으로 없을 수 없다. 나라는 것을 인식하게 될 때 남이라는 것은 의례히 따라오게 마련이다. 이는 마치 물체의 그림자와 같다. 물체가 있으면 그림자가 없을 수 없다. 그러므로 나와 남이라고 하는 분별의식 때문에 일체의 죄업과 망상이 일어나게 되는 것이며 이로 인해 밝은 슬기가 가려지게 되는 것이다.

셋째는 중생상衆生相이다.

이는 두말할 것도 없이 공간적인 인식관념을 뜻한다. 다시 말해 세계라는 횡적인 관념에 사로잡혀 밝고 밝은 본지本智를 바로 보지 못하는 것을 의미한다.

넷째는 수자상壽者相이다.

공간적인 관념에 사로잡히지 말도록 당부하였다면 의례히 시간적인 문제가 대두되지 않을 수 없다. 시간적인 인식에 붙들려서도 안 된다는 말이다. 즉 사상四想이란 주관과 객관과 공간과 시간이라는 일체의 인식작용을 통틀어 말하는 것이다.

이와 같이 인간이란 이 네 가지의 관념에 사로잡혀 모든 망상과 분별 또는 번뇌의 쇠사슬 속에 얽매여 올바른 지혜를 바로 찾지 못한다. 때문에 무엇보다 불교의 선결문제는 사상四相을 벗어나는 것이 급선무라 할 수 있다.

사상四相이 높아가면 반비례로 부처의 길은 그만큼 멀어지며 네 가지 상이 무너지면 반비례로 부처의 길은 그만큼 가까워진다는 것을 우리들은 확실히 명심해야 한다.

2장

불교란 무엇인가

불교의 8대 특징

세상에는 허다한 종교가 존재한다. 어느 종교를 막론하고 인간이 인간의 길을 바로 걸어 갈 수 있도록 그 정신을 순화하고 권선징악의 방법으로 인간의 가치를 발양發揚시키는 것은 거의 같다. 그러나 그 내용에 들어가보면 그 종교가 가지고 있는 교리의 성격과 특징들은 서로 다르다.

여기에서는 다른 종교의 특징까지는 말할 지면도 없으려니와 시간까지도 넉넉하지 못한 관계로 불교의 8대 특징에 대해서만 간단히 말하고자 한다.

불교는 정신正信이다

불교는 미신이 아니라 정신正信이라 할 수 있다. 이것은 불교가 가진 가장 훌륭한 특징 중의 하나이다. 눈으로 볼 수도 없고 그 존재를 확신할 수도 없는 유일신을 가정해 놓고 인간의 모든 일은 이 유일신의 절대적 명령에 의하여 이루어지는 것이라고 믿는다든지 인간 이외의 어떤 특수한 존재를 내세워 거기에 전지전능한 위신력威神力을 빌리고자 하는 믿음이라든지, 또는 현대에 와서 인간의 손으로 만들어 놓은 과학 앞에 인간은 다시 무릎을 꿇어야 하는 과학 지상주의至上主義라든지 인간의 생활에 물물을 교역하고 경제 유통을 편리하게 하기 위하여 만들어 사용하는 금력金力에 굴복 맹종하는 따위의 사고 모두를 통칭하여 미신이라 규정할 수밖에 없다.

이론의 근거가 확실하지 못하고 그 실태를 완전히 파악할 수 없는 것을 신봉하게 되면 도매금으로 미신에 집어넣지 않을 수가 없다. 그리고 어디까지나 인간을 중심으로 하지 않고 신이라든지 그 밖의 다른 존재를 인증認證하는 것은 결코 옳은 믿음이라 할 수 없다.

인간이 스스로 이러한 모순 속에 얽히게 되고 인간 자신의 존엄성과 자신의 위치를 망각하고 포기하는 현상이 세계를 휩쓸고 있는 것을 개탄하여 요즈음 학자들 사이에서는 인간성 회복에 매우 고심하고 있는 실정이다.

그렇다면 불교는 어떠한가. 불교에서는 부처를 찾는 것이 제일 중요한 문제이며 부처를 믿는 것이 근본 교법敎法이다. 그렇다면 부처는 도대체 무엇을 말하는 것이며 어디에 있는가.

부처란 한마디로 깨달았다는 뜻이다. 그러면 무엇을 깨달았다는 말인가. 이는 우주의 진리를 바로 깨달았다는 말이며 실상의 참 얼굴을 정확히 보았다는 뜻이다.

『화엄경』에 보면 '一切唯心造일체유심조'라고 분명히 일러 놓았다. 우리들은 오랜 옛날부터 탐진치의 디리운 물결에 젖어 마음이 물들어 있고 번뇌의 망념妄念에 흐려져 맑고 아름답고 깨끗하고 크고 바른 우주의 본성을 바로 보지 못했다. 때문에 마음에 끼어 있는 더러운 때를 벗기기만 하면 우주의 대생명체인 진리 본성에 귀일歸一 부합符合할 수 있다. 바로 이렇게 되는 것을 성불이라 하는 것이다.

다시 말해 인격人格이 최고도最高度로 연마 도야陶冶되어 원만 무결하게 완성된 것을 부처라 하며 열반이니 해탈이라 하는 것이다.

불교에서는 나 이외의 다른 존재를 인증認證하지도 않으며 또는 인증할 수도 없다. 나라는 이것은 육신적인 나를 말하는 게 아니라 우주의 주인이며 영원의 생명인 마음, 이것을 나라고 한다. 때문에 불교는 지극히 현실적이며 인간 중심적이며 자아완성, 인격완성 이것이 지상의 목표이며 과제이다.

여기에는 의문의 여지가 있을 수 없으며 단 한 조각도 미흡한 곳이 있을 수 없다. 객관적 대상이 끊어지고 나 이외의 절대 존재를 용납하지 않으므로 이것은 지극히 명명백백明明白白한 정신正信이라 하지 않을 수가 없다.

누가 나를 부를 때 "네" 하고 대답하는 이것이 바로 '나' 인 것이다. 이는 도저히 부정할 수 없는 명연明然한 사실이 아니겠는가. 이 명연한 사실을 믿는 사람에게 어찌 미신이란 말이 붙을 수 있겠는가.

불교는 독선이 아니라 존선尊善이다

불교는 궁극적으로 전미개오轉迷開悟와 광도 중생廣度衆生에 있다. 전미개오를 자리自利로 본다면 광도중생은 이타利他로 보아야 할 것이다.

석가세존께서 열반에 드실 무렵 어떤 제자가 이렇게 물었다고 한다.

"이 세상에 누가 마땅히 지옥에 떨어지겠습니까"

"부처가 마땅히 떨어질 것이니라."

"어찌하여 그러하옵니까"

"지옥 중생을 내가 제도하지 않으면 누가 능히 제도하겠느냐. 그러므로 나는 지옥으로 들어갈 수밖에 없느니라. 그리고 나는 지옥에 떨어질 뿐 아니라 항상 지옥에서 거주할 것이며 항상 거주할 뿐만 아니라 항상 지옥을 즐거워할 것이며 항상 즐거워할 뿐만 아니라 지옥으로 장엄할 것이니라."

이 얼마나 철저한 이타정신이며 겸선兼善의 사상思想인가. 뿐만 아니라 지 유명한 조주趙州 스님께서 병들어 누웠을 때 어떤 제자가 이렇게 물었다.

"스님은 돌아가시면 어디로 가시겠습니까?"

"나는 지옥으로 갈 것이니라."

"어찌하여 그러합니까?"

"나는 지옥이 아니면 갈 곳이 없으니까."

"스님께서 일생을 청정하게 수도를 하셨는데 극락세계를 가시지 아니하시고 어찌 지옥으로 가신단 말씀입니까?"

"극락세계는 내가 아니 가도 기다리는 자가 없지만 지옥에는 내가 오기를 기다리는 자가 많으니 기다리는 지옥으로 가지 않으면 어디로 갈 것인가?"

이것이 바로 불교의 정신이다. 내 몸은 고통을 받을지라도 남을 구제하겠다는 생각이 앞서는 이 마음이 그대로 보살의 정신이다.

『지옥경地獄經』에 보면 이런 글이 있다.

地獄未除　誓不成
지옥미제　　서불성

지옥이 다 없어지기 이전에는 맹세코 성불하지 않겠다.

고통 속에 파묻혀 있는 중생을 모두 구제하여 영원의 안락을 얻도록 해 준 다음 이제는 단 한 사람이라도 더 구제해야 될 대상이 없도록 해 놓은 다음에 마지막으로 자기가 성불하겠다는 지극한 서원이다. 흔히 불교를 세상과 교섭을 끊고 자기 혼자만 안온을 도모하는 독선적인 것이라고 말하는 사람들이 간혹 있는 것 같지만 이것은 전혀 불교의 진수를 모르는 백일몽의 잠꼬대에 지나지 않는다.

압세壓世가 아니라 구세救世이다

흔히 불교를 소극적인 압세壓世사상이니 은둔 퇴영退嬰적인 기피忌避사상으로 보는 사람들이 많은 것 같으나 이것은 전혀 불교를 모르고 하는 말이다. 백일몽의 잠꼬대가 아닐 수 없다. 특히 대중 불교에 있어서는 수행의 방법과 정진의 자세가 생활적이고 적극적이며 진취적이다. 수행의 지표가 되는 사상은 어디까지나 사회성을 띠었으며 이타구세利他救世에 그 중점이 있다.

유한有限이 아니라 무한無限이다

다른 종교에서는 영생천국永生天國이니 말일심판末日審判이니 하는 말들을 자주 쓰고 있다. 이것은 어디까지나 유한성有限性을 나타낸 말들이다. 만일 그렇게 본다면 삼세윤회설이나 전생 업보의 이론을 어떻게 할 것이며 불생불멸의 엄연한 진리를 어떻게 할 것인가.

불교의 장점과 묘리妙理와 생명은 여기에 있다. 우주의 진리가 곧 부처이며 영원한 생명이 그대로 부처인 확연한 논리에는 유한이라는 국한이 있을 수가 없다. 그렇기 때문에 『원각경』에 '一切

衆生 本來成佛 生死涅槃 猶如昨夢 일체중생 본래성불 생사열반 유여작몽' 이라 하지 않았던가 말이다. '무한한 대생명에 귀일 부합하는 순간을 성불' 이라 하는 것이다.

그러므로 청정법신에 어찌 생사가 있을 수 있으며 장단이 있을 수 있으며 거래가 있을 수 있겠는가.

『금강경 오가해』 첫머리에서 함허涵虛 스님은 이렇게 말씀하셨다.

先天地而　無基始　後天地而　無其終
선천지이　무기시　후천시이　무기종

'천지보다 먼저라도 그 비롯함이 없고 천지보다 뒤에라도 그 마침이 없다' 는 뜻이다. 뿐만 아니라 영원永遠 · 담적湛寂 · 무고無古 · 무금無今이란 말도 있다. 불교가 다른 종교에 비해 특별히 우수한 것은 바로 이 때문이다. 유한의 생명을 벗어나 무한의 생명을 얻으려는 이것이 수행의 목적이며 또한 무한의 생명에 합일되는 것을 성불이라 하는 것이다.

차별이 아니라 평등이다

다른 종교에서는 아무리 두터운 신심으로 열심히 신봉하더라도 절대 유일신이 될 수가 없다는 게 그들의 교리이다. 다만 구제를 받을 수 있다는 거기에 그치고 만다. 그러나 불교에서는 일체 중생이 실개성불悉皆成佛이라고 하였다.

그뿐 아니라 유정 무정有情 無情이 실개성불悉皆成佛이란 말까지 해 놓았다. 동물 식물 광물할 것 없이 전부가 본래 성불이란 고차원의 교리가 성립되어 있으며 또한 이것이 추호의 위착違錯없는 엄연한 진리이다.

결코 어떤 일신一神의 밑에 지배를 받게 하고 그 하나의 신에게 예속하게 된다고 생각하는 그러한 이론으로 구성된 것이 아니라 범유심자凡有心者, 개당성불皆當成佛이라는 절대 평등한 논거 아래 구성된 것이다.

타력해탈他力解脫이 아니라 자력해탈自力解脫이다

대개의 다른 종교는 타력에 의하여 구제를 빌고 재앙을 구투驅透하는 것으로 되어 있지만 불교는 오직 자력에 의하여 생사의 윤고輪苦을 벗고 해탈을 얻게 되는 것이 특수한 점이라 볼 수 있다.

다른 종교는 절대자인 신이 인간의 화복禍福을 좌우하기 때문에 신을 멀리하면 화를 받게 되고 신을 가까이하면 복을 얻게 된다는 타력에 의존하여 면화취복免禍就福 하는 것으로 극치極致를 삼지만 불교는 결코 그런 것이 아니다. 자기 자신이 지은 인과율因果律에 의하여 화를 면하고 복도 얻게 되는 것이다.

석가세존께서는 이렇게 말씀하셨다.

'현재의 과果는 과거의 인因이며 현재의 인因은 곧 미래의 과果이니라.'

이렇게 의심과 막연漠然을 용납하지 않는 명명백백明明白白한 이론을 내세웠다. 그러므로 자신이 지은 업을 제 손으로 풀지 않고서는 절대로 풀어 줄 힘을 가진 존재라곤 있을 수가 없다. 모두가 자업자득自業自得의 대원칙이며 털끝만큼도 이탈할 수가 없다. 뿐만 아니라 부처가 되는 데 있어서는 그 수행과 정진력에 따라 빠를 수도 있고 늦을 수도 있는 것이지만 촌호寸毫라도 타력에 의하여 이루어질 수는 절대로 없다. 때문에 자신의 노력 없이 남의 힘으로 무엇인가가 되기를 바라는 것은 도저히 용납되지 않는 것이다.

신앙의 대상이 존재하지 않는다

'나는 무엇을 믿는다' 하면, 믿는 내가 있고 믿어야 할 대상이 따로 있어 주관과 객관이 양분되는 것이 대략 다른 종교의 형태이다. 예를 들자면 나는 바위를 믿는다 할 때 내가 있고 바위가 있게 되는 것이다. 무엇인가 대상을 가설해 놓고 거기에 신앙과 정성을 기울여 그 대상으로부터 인간 이상의 힘을 빌리고자 하는 것이 일반적인 종교의 구성 내용이다.

다시 말해 하늘을 믿는다든지 산신山神을 믿는다든지 목신木神을 믿는다든지 하여 내가 있고 하늘이 있고, 내가 있고 산신이 있고, 내가 있고 목신이 있고, 이렇게 이원적二元的으로 이루어져 인간의 힘으로는 도저히 해결될 수 없는 일들을 하늘이라는 부정확한 절대신을 가설假設해 놓고 거기서 불가사의한 신력神力을 빌려 인간의 소망을 해결해 보겠다는 형태로 만들어진 게 바로 일반적 종교의 내용이다.

그런데 불교는 믿어야 할 대상을 가설하지 않고 또는 도저히 가설할 수가 없도록 되어 있는 게 특수한 장점이며 일수적一修的인 종교와는 근본적으로 그 성격과 구성이 다른 점이라고 할 수 있다.

불교의 참된 교리를 모르는 사람들이 '나는 부처를 믿는다' 하는 것은 말도 안 되는 소리이다. 말이 안 될 뿐만 아니라 불교를 모르는 사람의 잠꼬대에 지나지 않는다. 만일 이렇다면 내가 있고 부처가 있다는 이원적인 논법論法이 되기 때문이다. 부처란 것은 절대로 대상이 될 수 없는 존재이다. 그 이유는 나라는 이것을 제외하고 그밖에 따로 객관적으로 부처라는 것이 있을 수가 결코 없기 때문이다.

바꾸어 말하면 나 자신이 청정법신淸淨法身의 일부인 것이며 내 마음 이것이 그대로 부처이므로 따로 부처가 존재하는 줄 생각한다면 완전 오착誤錯인 것이다.

십악오역十惡五逆을 범한 쇠보나 부처를 바로 알지 못하는 죄가 더욱 크다고 말하였다. 십악과 오역을 범했다면 언젠가는 성불할 때가 있기라도 하겠지만 부처를 바로 알지 못하는 중생은 도저히 성불할 가망이 없다.

내용의 참뜻을 모르는 사람들은 흔히 불상을 부처로 오인하는 수가 많은 것 같은데 불상이라는 것은 정말 부처를 찾고 있는 수행과정에 있어 참 부처의 소재를 가리켜 주는 이정표里程標에 불과하다. 참 부처란 원래 진리의 덩어리이기 때문에 형상도 없고 언어도 끊어져 무엇으로도 표현할 수 없는 것이다. 그러므로 수행 정진의 과정에 있어 정신 집중의 대상이며 일심신경一心信敬의 표적標的으로 불상이 극히 필요한 것이다. 달을 가리키는 손가락은 될지라도 바로 달이 될 수 없다는 뜻이다.

손가락이란 달을 가리키는 데 필요한 것이지 달을 바로 본 사람에게는 아무런 소용이 없다. 손가락의 목적은 달을 바로 보도록 하는 데 있으며 그것을 가지고 달이라 믿어서는 안 된다는 말이다. 달을 바로 보지 못한 사람들에게는 손가락은 지극히 소중할 수밖에 없다.

하지만 정작 우리에게는 달이 필요한 것이지 결코 손가락이 필요한 것이 아님을 확실하게 깨달아야만 한다.

『금강경』에 '金佛 不渡爐 木佛 不渡火 泥佛 不渡水금불 부도로 목불 부도화 니불 부도수' 란 말은 바로 이것을 여지없이 설파한 대목이라 할 수 있다.

'若以色見我 以音聲求我 是人行邪道 不能見如來약이색견아 이음성구아 시인행사도 불능견여래' 라는 추호의 의심 없는 친설親說을 보고도 이를 아직도 깨닫지 못한 사람들이 있다는 것은 확실히 슬픈 사실이다.

불교는 종교이며 철학이다

불교를 제외한 다른 종교는 오직 종교적인 면만 갖추고 있을 뿐, 철학적인 면은 거의 없다고 볼 수 있다. 그러나 불교는 종교적인 면보다 오히려 철학적인 면이 더욱 풍부한 것이 특징이다.

『화엄경』의 '십현 육상十玄 六相'이라든지 『기신론起信論』의 연기설緣起說이라든지 구사인명俱舍因明의 정연한 논리와 택멸擇滅·비택멸非擇滅의 심오한 학설은 동서철학東西哲學이 도저히 미치지 못할 정도로 유현幽玄하다.

불교 이외의 다른 종교가 감히 규찰糾察해 볼 수 없는 우주의 구극究極을 말해 놓았으며, 선禪이라는 것은 결코 종교영역에 귀속시킬 수 없는 철학의 절정이다. 불교는 이렇게 풍부한 철학의 일면을 가지고 있는 동시에 종교적인 면으로서도 어느 종교보다도 그 의식이 다양하고 엄숙하며 장중하다. 한마디로 말해 대종교大倧敎의 면모에 결코 손색이 없다.

이상 열거한 것이 불교의 특징이며 또한 자랑이라 할 수 있다.

절의 개념

　절이라는 곳도 인간이 살고 있는 집이며 거기서 자고 일하고 먹고 생활하는 것은 사회일반이 살고 있는 집과 별로 다른 바가 없다. 다만 다른 게 있다면 부처님을 모셨다는 것과 의복, 음식 그리고 종교적인 의식과 수행의범修行儀範 등이 특이할 뿐이다.

　물론, 외형적인 문제가 상이한 것도 중요하겠지만 그보다 크게 판별할 수 있는 것은 내면적인 문제라고 할 수 있다. 하나는 삶에 있어 별로 커다란 의의意義를 달지 않고 일생을 의식주에 매달려 살다가 평범하게 마치는 것이다. 또 다른 하나는 의미 없이 생활 자체에만 급급하다가 인생을 마쳐야 되겠는가 라는 회의에 있다. 말하자면 '성주괴공成住壞空, 생주이멸生住異滅과 생로병사生老病死'의 무서운 원칙을 벗어날 수는 없을까 하는 것이다.

　그리하여 무상천류無常遷流의 생사고해苦海生死를 떠나 우주의 진리를 철오하고 영원의 대생명을 얻어 불생불멸의 상락常樂을 찾을 길을 구하기 위해 내성적內省的으로 마음을 가다듬고, 전도顚倒와 몽상夢想을 벗어나 해탈과 열반을 얻으려는 수도의 자세와 초탈적인 생활이다.

앞에 말한 평범한 생활이란 일반 사회적 생활을 의미하는 것이며 뒤에 말한 초탈적 생활이란 사찰 생활을 뜻한다. 이러한 고준청정高峻淸淨한 생활을 영위하는 곳을 절이라고 한다면 도대체 절이 가진 의미는 무엇일까? 이쯤에서 우리는 한번쯤 살펴보아야 할 것이다.

우리나라에 불교가 처음 들어왔을 무렵, 아도阿道 스님께서 모예가(毛禮家 : 털레집)에 계셨다고 해서 그 '털레'라는 말이 차츰 와음訛音이 되어 절이 되었다고 한다. 또 하나는 팔리어로 테라 Thera에서 온 말이라고도 하지만 확실한 근거는 찾을 길이 없다고 한다.

아무튼 절이라는 곳은 정법正法을 연설하고 전미개오轉迷開悟의 법을 수행하여 영생의 길을 찾을 수 있는 진리의 집이라는 데 이설異說이 있을 수는 없다는 것이다. 이것이 절에 대한 극히 간단한 개념이다.

그렇기 때문에 이렇게 뜻 깊고 현심玄深한 이치를 가진 절을 세우는 데 있어서, 집을 짓거나 돌 하나를 세우는 데 있어서도 범연

凡然할 수가 없다. 모두가 정화수도淨化修道에 교훈이 될 수가 있어야 하며 진리정도眞理正道에 부합귀일符合歸一 할 수 있는 법도가 있어야 한다.

또한 절이란 곳은 목욕탕이라고 생각할 수가 있다. 육신에 묻은 때는 세속적인 욕탕에서 충분히 깨끗하게 씻을 수가 있지만 마음에 묻어 있는 더러운 때는 절이 아니고는 도저히 깨끗이 씻을 곳이 없다.

그러므로 누겁다생累劫多生에 겹겹이 쌓여진 오욕탐진五慾貪嗔과 삼세육추三細六麤의 진구塵垢를 참회와 정진과 발원의 성업聖業으로 해탈과 열반 내지 성불의 설정까지 오를 수 있도록 목욕할 수 있는 곳이 바로 절이다.

그러므로 절의 위치와 구조, 기물器物과 명칭 하나하나가 하루 빨리 세속의 때를 목욕할 수 있도록 하자는 데 중점을 둔 것이며 따라서 생활 전부도 여기에 알맞게 제도화하였다고 보아야 한다.

절의 생활은 엄숙과 경건, 참회와 발원, 정진의 연속이며 순수일념純粹一念의 회향廻向이라는 것을 한시라도 잊어서는 안 된다.

건물의 법도

사찰이란 심성을 연마하여 자아를 발견토록 하는 곳이며 삼학三學을 제수齊修하여 법신에 귀일歸一토록 하는 절대 신성하고 장엄, 경건한 도량道場이다.

조석朝夕으로 예경하고 분향발원하는 것이 얼핏 생각할 때 부처가 따로 있고 나라는 존재가 따로 있어 내가 부처님에게 예경禮敬하고 내가 부처님 앞에 분향발원하는 것처럼 인식할지 모르지만 이렇게 이원론적으로 피彼와 차此를 별도로 가설하고 주主와 객客을 나누어 사고한다면 이 사람은 진정 불교와는 상거相距가 요원하다고 볼 수밖에 없다.

부처란 결코 객관적 대상이 될 수 없으며 상대적으로 생각해서도 안 된다. 예배를 하는 것을 흔히 잘못 알게 되면 내가 부처님에게 예배를 드리는 것으로 오인誤認하기가 십상팔구十常八九라 할 수 있다. 부처님은 예배를 받는 대상이고 나는 부처님에게 예배를 정성껏 드리는 존재로 착각하기 쉽지만 사실에 있어 정진이며 정심定心의 거룩한 시간임을 알아야 한다.

이는 불교인이 가져야 할 기초적인 자세이다. 모든 것을 이 토대에서 보아야 되며 여기에 벗어나지 않도록 부합되는 각도角度에서 고구考究해야 한다. 이러한 견해에서 호촌毫寸이라도 틀린다면 이것은 두말할 것도 없이 미신이라고 단정해도 이설異說을 제기할 수 없을 것이다.

그렇기 때문에 신심이란 객관적인 대상에 대한 신심이 아니라 자기완성, 자기 발견 곧 자성自性이 부처라는 확신을 기지는 것을 의미한다. 이 확신이 바로 서게 되는 날을 위해, 한 시각이라도 빨리 자기 발견을 하기 위해 독실한 일념으로 갖은 방법을 다하여 정진해야 한다.

진차珍差 다과茶果라든지 향등香燈 촉공燭供이라든지 송경誦經예배라든지 기도 설재設齋라든지 하는 모든 의전절차儀典節次가 전부 자기도야自己陶冶와 자성발견에 있다. 이는 곧 최고의 인격을 완성시키는 수단과 방법이며 정진귀일精進歸一의 길이라는 것을 절감하지 않으면 안 된다.

여기에 있어 결코 타력이란 허용될 수 없는 것이며 또한 의존할 수도 없다. 아미타불을 지극히 염송하여 극락에 왕생하는 것을 타력이라고 생각하며 관음기도를 일념으로 하여 기원이 성취된 것을 타력으로 생각하는 이들이 있는 것과 같이, 입문 초기에는 타력에 의존하는 것 같은 느낌이 들지 모르지만 필경畢竟에는 무엇이든지 지극한 일념의 경지에 들어가지 않고서는 될 수 없는 것이라 생각할 때 완전자력화完全自力化하는 것이며 자력의 극치에 도달되지 않고서는 절대로 성취될 수 없다는 것을 알아야 한다.

그리고 아미타불이니 관세음보살이니 하여 신앙의 대상이 다원화多元化되고 맡은 바 한계가 다른 것처럼 알아서는 절대 안 된다. 중생의 근기根機가 각각 다르고 사량思量의 차등差等이 각별各別하므로 방편方便상 여러 문문門을 가설하여 입도入道의 길을 열어 놓았으나 필경 그 속에 들어가서는 오직 하나뿐이라는 대원리大原理을 체달해야 한다.

얼핏 잘못보면, 불교는 매우 복잡한 다변성을 가진 것처럼 느끼기 쉬우며 연역적인 해석으로 오도되기 쉬우나 바르게 본다면 지극히 간명한 일원성一元性을 귀납적으로 '心卽是佛 自性彌陀 심즉시불 자성미타' 라는 대단원으로 항상 이끌어 가야 한다.

말하자면 천만 가지의 방법과 설명이 모두 자성계발의 절정에 있다는 것이다. 이러한 각도에 초점을 두고 불교라는 큰 덩어리를 관찰해야만이 온전하게 진리를 체득할 수 있다. 만약 이를 간과한다면 방향이 흔들리고 초석礎石이 비뚤어진다는 것을 백 번 천 번

다짐해야 한다.

사찰의 건물을 세우는 데 있어서도 아무렇게나 범연凡然한 것이 절대 아니다. 좌체우용左體右用의 대원칙에 의하여 배열된다. 체體와 용用이란 말은 경전에 자주 나오는 말인데 체는 본체本體란 뜻이며 용이란 화용化用으로서 곧 변화의 작용이며 그의 용도用途란 뜻이다.

어떤 물체라도 체와 용은 있으며 우리의 심성에도 이것이 있다. 물론 부처에도 이것이 있다. 여기서 한 걸음 더 나아가 『기신론』에서는 체體 상相 용用 삼대三大라 하여 상相이 하나 더 붙어 있으며 더욱 구체적으로 설명이 되어 있다. 그리하여 왼쪽을 체體라 하고 오른쪽을 용用이라 한다.

주불主佛을 모셔 놓은 대웅전을 중심으로 좌편으로는 비로전, 용화전 등 화용이 없는 본체의 전각을 세우고, 우편으로는 관음전, 명부전, 팔상전, 나한전 등의 응화應化 작용이 있는 전각을 세우는 것이 통례로 되어 있다. 이것이 바로 불교 건물을 세우는 데 있어 적합한 건축법이다.

그러므로 건물 하나의 위치라든지 법기法器 하나의 제도制度에 한해서라도 무의미하다든지 범연시凡然視되는 것은 절대 있을 수 없다. 그 속에는 모두가 오직 수행과 정진에 도움이 되고 인격완성에 박차를 가할 수 있도록 되어 있다는 것을 모두 명심해야 한다.

일주문一柱門

우리나라 사찰의 건축형태는 거의 동일하다고 볼 수 있다. 원래는 불당佛堂이 있고 법당法堂이 따로 있던 것인데 내려오면서 불당이 없어지고 법당으로 통일되어 지금은 어느 절에 가든지 법당이 불당으로 되어 있다.

심지어 요즈음에 와서는 법당 곧 대웅전 안에 영가靈駕들의 위패位牌까지 안치되도록 변질되어 가는 판이니 앞으로 그 형태가 어떻게 달라질지 가히 예측을 불허한다.

어느 사원을 들어가든지 처음 들어서는 문이 일주문一柱門, 그 다음이 천왕문天王門, 해탈문解脫門 혹은 불이문不二門을 지나 만세루萬歲樓가 있고 정면에 대웅전이 있으며, 마당에는 석탑, 석등들이 있고, 대웅전을 중심하여 좌체우용左體右用의 표법表法으로 왼쪽에는 비로전, 용화전 등이 있으며 오른쪽에는 관음전, 명부전, 나한전, 팔상전 등이 있다. 이것이 한국 사찰이 가진 건축규격의 대개大槪라 생각한다.

사찰의 건축규격이 어느 때부터 이렇게 되었는가에 대해서는 상세한 전적典籍을 참고할 길도 없으려니와 또한 필자가 이 방면의 전문가가 아니기 때문에 언급하기 곤란한 문제이다. 또한 지금 쓰고 있는 본지本旨가 그것들이 가지고 있는 의미를 소개하는 데

만 그 본뜻을 지니고 있기 때문이다.

어느 사찰을 가든지 그 들어가는 첫머리에 일자一字로 버티고 서 있는 문이 있다. 그 사찰의 면목面目이라 할 수 있고 관문이라 할 수 있고 첫인상을 풍기는 얼굴이기 때문에 작은 규모의 건물이기는 하지만 정교함을 다했으며 장엄을 극極하였으며 그 사찰과 그 기지基地 전체를 진압할 수 있는 위용을 갖추었다고 할 수 있다.

말하자면 간판 구실을 한다고 해도 결코 과언이 아닐 것이다. 현액縣額으로서는 대개 그 사찰이 위치하고 있는 산명山名과 사명寺名이 붙어 있다. 건축양식이 특수하여 횡橫으로 기둥을 일렬로 세웠어도 결코 위험성이라곤 없으며 안정감을 주게 될 뿐 아니라 역학적으로 가장 발달된 건물이라 하여 특별하게 대우를 받는 귀중한 건축이다.

그런데 이 건물의 특색은 일一이라는 형태에 있다. 이 문을 경계로 하여 속계俗界와 진계眞界가 갈라진다고 해도 결코 틀린 말이 아니다.

문밖까지는 번뇌가 끓고 망상에 허덕이고 생사의 파랑波浪에서 갈피를 잡을 수 없도록 표침漂沈하다가 이 문턱을 밟고 들어서는 순간 모든 번뇌와 망상이 가라앉고 청정무구淸淨無垢한 본래면목

本來面目으로 돌아가 자성을 반조返照하고 불세계佛世界 상적광토常寂光土에 들게 되는 것을 일一로 표현한 것이라 볼 수 있다.

그러므로 일一이란 일심一心 혹은 일원상一圓相, 일법계一法界, 일진여一眞如, 일물一物 등의 뜻으로 해석되는 것이다.

다시 말해 문밖까지 분주하고 시끄럽게 일어나고 있던 모든 망식妄識작용이 이 문에 들어서는 순간 일심一心으로 돌아가고 일법계一法界, 일진여一眞如, 일원상一圓相으로 귀합 통일되는 것을 의미함과 아울러 청정한 일념으로 정진과 수행의 길로 들어가게 됨을 의미한다.

일심一心이란 한 마음이다. 산란散亂과 소요가 없어지고 도거掉擧와 천식喘息이 가라앉은 담연청정湛然淸淨한 상태를 말한다. 일법계一法界는 천삼라지만상天森羅地萬象의 잡다雜多한 현상계現象界가 미망迷妄된 중생의 식견으로 볼 때 실유實有한 것으로 착인錯認하기 쉽다. 그러나 사실에 있어서는 일법계一法系인 최청정법계最淸淨法界에서 일어난 환영에 불과한 것임을 확철確徹히 깨달을 때 오직 공적담담空寂湛湛한 일법계一法界뿐인 것을 확인하게 된다. 따라서 일법계는 일원상一圓相이라는 마음을 표시한 대명사일 것이다.

마음이란 장단長短도 없고 고금古今도 없으며, 대소大小 광협廣狹을 초월했으며, 시방十方과 삼세三世에 구애되지 않는 것이지만 혹은 작고 크기도 하며 밝기도 하다. 또한 가고 오기도 하는 자재무애自在無碍하고 생사무관生死無關한 것이다. 따라서 이를 두고 딱히 무엇이라고 표현할 수 없어 하는 수없이 일원상이라 말하는 것이다.

엄밀하게 따지자면 원상圓相이라는 말까지도 절대적으로 합당하다고 할 수는 없다. 그래도 이것이 가장 가까운 표현이 아닐까 하는 뜻에서 일원상이라 하는 것이다. 다시 말하자면 차별과 상대가 초월된 대평등大平等, 대우주大宇宙의 형태를 의미한다고 볼 수 있다. 이것이 일주문이 가지고 있는 중요한 내용이다. 몇 번이고 말하지만 사찰의 건물이나 그 밖의 무엇 한 가지라도 모두가 정진의 표법이며 수도修道의 행구行具로 심현미묘沈玄微妙한 뜻을 가지고 있다는 점을 명심해야 한다.

일자로 그은 선이 일법계一法界를 표표한 건가
일심一心의 깊은 뜻을 원圓으로 보인 법法이
이 문을 들어서면서 바로 깨라 한 건가.

천왕문天王門

큰 절 입구에는 대개 천왕문이 있고 그 안에는 무서운 장군상 같은 정화幀畵 혹은 조각으로 조성된 신장神將을 모셔놓은 것을 볼 수가 있다. 어느 절에서는 그 형상이 너무 무서워서 임산부가 절에 들어가다가 유산까지 하였다는 이야기가 있을 만큼 소상塑像이 엄했다고 한다.

이 형상을 두고 대개 사대천왕四大天王 또는 호세사천왕護世四天王이라 부르는데 그 유래는 아득히 먼 옛날 바라문교에서부터 있었나고 한다. 그것이 불교 안으로 들어와 불교화佛敎化되어 굳어진 것이다.

그에 대한 유래는 무량수경無量壽經이나 십송율十誦律 등에 나오는데, 수미산 중턱에 있으면서 사천왕의 주主가 되는 제석천의 명을 받아 불법을 수호하고 불법에 귀의한 사람들을 수호키로 명세한 호법천신護法天神들이다.

사방을 하나씩 맡아 다스리는데 동쪽을 맡아 다스리는 책임자의 이름은 지국천왕持國天王, 남쪽을 맡아 다스리는 책임자의 이름은 증장천왕增長天王, 서쪽을 맡아 다스리는 책임자의 이름은 광목천왕廣目天王, 북쪽을 맡아 다스리는 책임자의 이름은 비사문천왕毘沙門天王이라 하였다.

    석가세존이 설법하실 때마다 따라다니면서 호법의 책임을 다
했으며 세세생생世世生生에 불법을 옹호하겠다는 굳은 서원을 하
였다.
    그러므로 사찰이란 부처님을 모셔 놓은 도량이며 삼보三寶가
상주하는 성지이므로 호법신중護法神衆이 항상 이 성역을 수호한
다는 표법表法에서 연유된 것이라 할 수 있다.

    아득한 먼 세월에
    겁이 닳아 가루되어도

    불법을 수호한다
    굳게 굳게 세운 맹세

    허심虛心한 하늘 밖에서
    이 도량道場을 지키오.

    겉으로 엄嚴하지만
    속속들이 품은 자비慈悲

    보살의 화현이라

삼보三寶를 받드는 마음

영산靈山의 그 날 그 뜻을
잊을 길이 없어라.

불이문不二門

불교에서 가장 높이 평가되고 있는 정신은 불이사상不二思想이다. 다른 종교에서는 아무리 독실한 수행과 믿음을 가지더라도 결코 절대주재자絶對主宰者는 될 수가 없다고 규정지어 놓고 있다.

그러나 불교에서는 문호가 개방되어 있어 사람뿐만 아니라 일체중생 전부가 필경에는 부처가 될 수 있다고 그 폭넓은 평등성을 주장한다. 또 다른 곳에서는 악惡은 어디까지나 악이며 선善은 어디까지나 선으로 확정되어 있고, 어두운 세계는 언제까지나 어두우며 밝은 세계는 항상 밝도록 구분되어 있다. 이와 달리 불교에서는 어두운 곳이나 밝은 세계나 모두 하나이다. 이것이 바로 불교의 특징이며 우수한 장점이다.

앞에서 일주문을 설명할 때 일一은 불교를 단적으로 표현한 것이라 하였듯이 극단極端에 가서는 일一이라는 여기에 모든 것이

귀납되는 것이라고 말한 적이 있다. 불이不二라는 말은 이 같은 뜻을 가지고 있다. 말하자면 불이不二이기 때문에 일一이며, 일一이기 때문에 불이不二이다.

그러나 여기서 한 번 더 깊이 알아야 할 문제는 일一이라든지 불이不二라든지 거기에 집착해서는 안 된다는 것이다. 어찌보면 일一이니 불이不二니 하는 것도 진실한 의미에서 볼 때 그 또한 결코 정확한 표현이라 할 수 없기 때문이다.

불이不二란 둘이 아니라는 뜻이다. 그럼, 둘이 아니라면 하나란 말인가. 그도 아니면 셋이란 말인가. 하나라 하여도 정확하지 못한 말이며 더구나 셋이란 말은 어불성설의 격차隔差를 갖는다. 선과 악이 둘이 아니며 중생과 제불諸佛이 둘이 아닌 것이며 사바와 극락이 둘이 아니며 미迷와 오悟가 둘이 아니며 아我와 인人이 둘이 아니며 정淨과 예穢가 둘이 아닌 이것이 바로 불이不二이다.

그러면 어찌하여 이러한 것들이 둘이 아닐 수가 있겠는가? 하는 극히 초심初心적인 문제가 제기될 수 있을지 모르겠지만 모든 것은 우주의 본체가 되고 영원의 생명이 되는 진여자성眞如自性이라는 일원상一圓相 최청정법계最淸淨法界에서 일어난 환몽幻夢의 현상이기 때문이다.

다시 말하자면 일체중생이 본분本分상으로 볼 적에는 부처와 조금도 다를 바 없는 바탕을 가졌지만 다만 망상에 집착되어 청정본무清淨本無한 부처를 보지 못하는 것이라 할 때 부처는 결코 둘이 아니라는 이론이 성립된다는 것이다.

그러한 뜻에서 일주문에 들어설 때 모든 것을 일심一心이라는 진여법성에 귀일시키고, 그 뒤 불이문에서 다시 본분의 깊은 이치에 부합귀결시키는 중요한 의미에서 이 문을 또 지나게 되는 것이다.

그런데 사찰에 따라 불이문이라 한 곳도 있고 혹은 해탈문解脫門이라 하는 데도 많이 있다. 해탈이란 말은 '벗어났다'는 뜻이다. 곧 번뇌에 얽매이고 망상에 속박되어 대자유, 대평등의 세계를 보지 못하다가 오직 수행과 성진의 힘으로 속박되어 있던 것을 여지없이 단절하고 그야말로 천상천하유아독존天上天下唯我獨尊의 진아眞我와 대아大我를 찾아내는 순간의 아무런 장애물 없이 적나독로赤裸獨露한 상태를 해탈이라 할 수 있다.

『반야심경』에 있는 그대로 '心無罣碍 無罣碍 無有恐怖 遠離顚倒夢想심무괘애 무괘애 무유공포 원리전도몽상'이란 바로 이 경지를 뜻한다. 번뇌와 망상이 있으면 마음이 자유로울 수 없으며 자유롭지 못하면 거기서 일어나는 거꾸러진 생각과 헛된 집착에 사로잡히게 된다. 바로 이것이 끊어지게 되면 바로 그 자리가 해탈이요 열반이며 나아가 성불이라 하는 것이다.

참과 거짓 하나건만
하나인줄 모르고서

분별 집착 사로잡혀
참 나를 잃고 사네.

불이二의 깊은 이 뜻을
정진으로 찾을까?

불이법不二法 묘한 이치
입으로만 알다가는

생사生死 험한 물결
건널 길이 아득하다.

확연히 깨치는 그 날
성불이라 한다네.

찰간刹竿

위에서도 잠깐 말한 바와 같이 사찰이란 바로 신망의 도량이며 성불을 목표로 하는 지엄至嚴한 연마장鍊磨場이다. 그렇기 때문에 건물 하나의 위치와 규격에 대해서도 깊은 뜻과 심오한 법도를 가진 것이며 글씨 하나 써 붙이고 돌 하나 놓는 데도 의범儀範과 표법表法에 맞도록 세심한 주의력을 경주하였다는 것은 이제 새삼 재언이 필요치 않을 것이다.

어느 것 하나인들 수심修心정진에 긴요한 도구 아닌 것이 없으며 전미개오轉迷開悟의 조도품助道品 아닌 게 없다는 것을 먼저 염두에 두어야 한다.

찰간刹竿이란 혹 동간幢竿이라고도 한다. 사찰입구에 돌이나 쇠로 만든 기둥을 뜻하는 것이다. 아래쪽에는 지주支柱로 되어 있고 그 위에는 장대처럼 긴 쇠로 깃대를 세워 그 위에 그 절의 종지宗旨와 사격寺格을 표시하는 것이다. 요즈음 말로써 표현하자면 그 절의 종지를 상징하는 기旗라고 하는 것이 과히 틀리지 않을 것 같다.

우리나라의 구산오교九山五敎가 그 교세를 각자 자랑할 때 자기네들이 숭상하는 교의敎義를 표시하는 기치旗幟라 생각해야 할 것이다. 오늘에 와서는 그 원형이 거의 없어지고 대개의 절이 지

주支柱만 남아 있는 곳이 많으나 아직도 갑사甲寺의 철간鐵竿만
은 그대로 보존되어 있는 것이 다행한 일이다.

　　하늘에 닿을 첨탑尖塔
　　깊은 교의敎義 드날리고

　　치솟은 종지宗旨 종풍宗風
　　억만세億萬歲에 전하는 뜻.

　　아득한 진겁塵劫을 향해
　　굽이치는 푸르름.

사물四物

종鍾

　종이란 법구法具 가운데서도 가장 소중한 것이며 그 뜻이 진실
로 중대한 것이다.

　　　願此種聲遍法界　鐵圍幽暗悉皆明
　　　원차중성편법계　　철위유암실개명
　　　三除離苦破刀山　一切衆生成正覺
　　　삼제이고파도산　　일체중생성정각

　　　이 종소리가 널리 법계에 퍼져
　　　참참한 지옥 속이 환히 밝아지게 하옵소서.

삼악도三惡途 고통 멎고 도산刀山이 부서지고
일체중생 다같이 성불하기를 간절히 원하옵니다.

얼마나 지극한 소원이며 광대한 발원이란 말인가. 이러한 발원을 세우면서 새벽마다 종을 치는 것이다. 이와 같이 불교란 그 생활 전부가 참회이며 발원이며 정진이다.

어느 법구인들 원願이 들어있지 않은 것이 있을 수 있으며 참회와 정진이 들어있지 않은 것이 있을까마는 종처럼 그 범위가 광대무변하고 신성神聖 장엄莊嚴한 것은 다시 없다.

조용한 한밤중에 번뇌와 망상에 시달려 잠들지 못하고 뒤척거리던 사람이 먼 산사에서 숲을 뚫고 은은히 들리는 종소리가 귓속으로 들어올 때 느끼는 심경의 묘한 기분은 느껴 보지 못한 사람은 감히 모를 것이다. 이와 같이 종소리의 오묘함은 이루 다 말할 수 없을 것이다.

철위산 같은 캄캄한 지옥은 따로 있는 게 아니라 마음이 어리석으면 그것이 캄캄한 지옥이다. 번뇌와 망상이 들끓으면 그것이 바로 검수도산劍樹刀山의 지옥인 것이다.

그리고 종이란 깨우친다는 의미가 깃들어 있다. 혼미 속에 빠져 있다가도 종소리를 들으면 정신이 번쩍 새로워지고 게으름을 피우다가도 종소리가 들리면 정진의 의욕이 샘물처럼 솟구치게 된다.

『인과경因果經』에 보면 '聞鐘臥不起 來世受蛇身문종와불기
내세내사신' 이라 하였다. 매우 무서운 경구인데 종소리를 듣고도
일어나지 않으면 다음 세상에 뱀이 된다는 뜻이다.

다시 말하자면, 새벽에 일어나 예불하고 참회하고 정진하자는
뜻에서 대중을 깨우기 위해 발원을 하면서 종을 치게 되는데 그
소리를 들으면서도 일어나지 않고 누워 있다면 그 사람은 도저히
구제의 길을 찾을 수 없을 만큼 업業이 무겁다는 뜻이다. 그러므
로 종은 지옥에서 고통 받는 중생들이 고통에서 벗어나 영생의 즐
거움을 얻도록 하는 데 필요한 법구法具인 것이다.

퍼지는 한 소리가
이 법계에 두루 울려

고뇌에 젖은 무리
모두 함께 풀리소서.

한 생각 지극한 염원
하늘 밖에 사무쳐

긴 밤 깊은 잠에
오욕五慾으로 취한 무리

악도惡途에 헤매면서
큰 빛 잃은 중생들이

모두 다 함께 깨쳐서
성불하자고 한다.

이 큰 원願이 치솟아서
삼십삼천세三十三天歲를 뚫고

땅속 깊이깊이
지옥까지 내려 박혀

어둡고 험한 고해苦海
말라지기 바라오.

법고法鼓

  법고란 북을 의미한다. 북은 흔히 볼 수 있는 것이지만 사찰에 있는 것은 부처님의 법도와 정신에 부합되도록 쓰여 지고 있는 것이기 때문에 법고라 하는 것이다. 법고는 축생들의 이고득락離苦得樂을 위해 치는 법구이다. 『법화경 서품序品』에 보면 설법을 전투에 부합시켜 놓았다.

  번뇌와 망상과 집착과 오욕의 불순한 것들이 취집聚集되어 있으며 혹업고惑業苦 삼장三障이 치열하게 일어나고 있는 마군魔軍들에게 이것을 멸진소탕滅盡消蕩시킬 수 있는 설법의 대군을 몰고 들어갈 때 진군을 독려하기 위해 북을 치는 것이라 하여 법고의 뜻을 해명해 놓은 대목이 보인다. 옛날에는 전쟁 때 군졸을 독찰督察하는 뜻으로 사용했지만 여기서는 마군을 소탕하는 데 있어 설법의 대군을 독찰하는 뜻으로 법고를 치는 것이라 하였다.

  그러므로 북은 정진을 독려하는 도구이며 수행을 촉구하는 것임에 틀림없다.

목어木魚

　나무로 고기 모양을 만들어 종각鐘閣에 달아 놓고 아침저녁 예경禮敬때 치는 법구이다. 수중중생水中衆生들의 고통을 제거하고 이고득락離苦得樂토록 하는 데 필요한 것이다. 물고기는 눈동자를 깜박이지 않고 항상 뜨고 있기 때문에 용맹정진하는 사람들의 눈동자는 물고기처럼 깜박이거나 조는 일이 없어야 한다는 표법表法에서 나왔다는 말도 있다. 참으로 섬세한 착상이다.

　위에서도 여러 번 말했지만 불교에서는 극히 사소한 무엇 한 가지라도 그 속에는 깊은 뜻이 내포되어 있으며 유현한 이치가 은재隱在되어 있다는 것을 잊어서는 안 될 것이다. 모두가 수행에 긴절緊切한 것이며 정진의 조도품助道品들이다.

운판雲版

　여기에 대한 상세한 설명은 영평永平 대청규大淸規 혹은 영산瑩山 청규淸規 등에 나오는 것으로, 청동靑銅이나 철판 등을 가지고 구름 모양으로 아로새겨 역시 종각에 달아 놓고 치는 것인데 공간에 있는 중생들의 고통을 해면解免시켜 주는 법구라 할 수 있

다. 그리고 또 식사 때를 대중에게 알리는 도구로도 사용되었다고
한다.

　이렇게 보면 사물에는 지옥, 공간, 축생, 수중, 전 우주가 모두
포함되어 있다. 조석朝夕 예경禮敬 때에는 전 우주 안에 연류하고
있는 함령含靈들을 모두 집합시켜 부처님에게 일심一心으로 귀의
하여 고통에서 해방되기를 기원하는 데 필요한 법구 네 가지를 불
가에서는 가장 소중히 생각하는 사물四物이라 한다.

　　사물四物이 울릴 적에
　　모든 고통이 쉬워진다.

　　부처님께 같이 모여
　　해탈법解脫法을 얻을 적에

　　이 사바 더러운 것이
　　극락정토 되나니.

벽배壁排

　사원에서는 신발 하나 벗는 데도 법도가 있으며 걸음 하나 걷는 데도 신행信行에 어긋나서는 안 된다. 공양을 하는 데도 참회와 기원이 들어 있어야 하며 문을 열고 출입하는 데도 차례가 있다. 또한 앉고 눕고 말하고, 잠자는 데까지 절행節行의 규범規範을 지켜야 한다.

　어느 것 한 가지라도 범연한 것이 없고 공허한 것이 없으며 무의미한 것이라고는 없다. 심지어 머리를 깎는 데도 날짜가 정해져 있고 세탁을 하는 데도 아무 날이나 해서는 안 된다.그만큼 엄격하고 치밀하며 세심하게 꾸며져 있어 일시라도 방심과 산일散逸이 있어서는 도저히 견디어 낼 수가 없도록 제도와 율법이 정해져 있다.

　이는 그 속에서 생활하는 대중들에게 불편이나 고통을 주기 위해 만들어진 것이 아니라 도를 닦기 위한 수행의 방편이며 도움을 주기 위해서다. 말하자면 생활 전부를 정진화精進化, 수행화修行化하기 위해 만들어 놓은 적극적인 법도들이다.

출가한 사람들에게, 출가할 때 결심한 그 마음이 성불이라는 고지를 점령하기까지 번뇌의 적과 싸우는 군인들이며 전쟁에 출정하는 용사들의 자세와 필승의 각오와 불퇴不退의 결의를 촌시寸時라도 늦출 수 없게 하기 위해서다.

그러므로 쉴새 없이 육근六根을 통해 들어오고 있는 적과 아리야식阿梨耶識에 저장되어 있는 적과 누겁다생累劫多生에 쌓이고 모여 있는 무수한 적敵과 근본 무명無明에서 불고 있는 업풍業風과 미혹迷惑 등의 많은 적들을 격멸퇴치시키는 데 순간의 방심도 있을 수 없고 찰나의 나태도 있을 수 없게 만들기 위한 방편인 것이다.

이것이 출가의 생활이요 구도자의 자세이다. 이 어려운 작업은 외형적으로 혹은 물질적이나 행위적으로 쌓아 올리는 것이 아니라 내면의 성찰을 통해 섭심攝心적으로 쌓아 올리는 정적인 작업이기 때문에 어려움이 매우 클 수밖에 없다. 행주좌와行住坐臥와 어묵동정語默動靜이 모두가 본분本分에 결합되어야 하는 것이며 일거수일투족이 그대로 수행에 혼일混一되어야 하기 때문이다.

말하자면 불가에서는 입선入禪만 정진이 아니라 방선放禪도 정진이며, 주거住居만 정진이 아니라 행각行脚 또한 커다란 정진이다. 때문에 사찰 생활에 있어서는 해제 이후 행각行脚이 더 많은 것이다.

산수山水를 방랑하면서 자연에 융합하고 소요자재逍遙自在의 보임保任과 시선일여詩禪一如의 고준한 경지를 답파踏破하는 능동의 파정把定이요 양신養神의 방행方行이라 할 수 있다. 산과 구름 따라, 물과 길을 따라 의식적인 구애 없이 숙정안한淑靜安閑의 행각이기 때문에 이것을 두고 운수납자雲水衲子라 하기도 하고 무애왕래無碍往來라고도 하는 것이다.

그러나 기본의 절도節度는 엄수嚴守되어야 하며 교단의 규범에는 차질이 없어야 한다. 운수납자가 행각을 하다가 사찰에 들어가게 되면 객승客僧의 자격으로서 가져야 할 마음자세가 있다. 어떠한 일이 있어도 예법을 준수할 줄 알아야 하며 몸과 행동에 조심성이 있어야 한다. 처음 큰방 문을 열고 들어설 때는 어느 쪽이 상판上判이며 어느 쪽이 하판下判인가를 살핀 다음, 반드시 상판 쪽에 있는 문을 열고 들어가야 한다.

큰방에는 대개 문이 앞 뒤쪽으로 다섯 군데쯤 있는 것이 보통인데, 전면全面에서 보면 한복판 문을 어간御間문이라 하여 거기는 방장方丈, 조실祖室, 주지住持 등 주로 큰스님들만 출입하게 되어 있다. 그 옆으로 부엌문에 있는 사이 문은 하판 쪽 곧 본사측本

寺側 중견中堅층 스님들이 통행하도록 되어 있고 그와 반대쪽인 상판 곧 위쪽 편 사이 문은 객승들의 출입문으로 정해져 있다. 뒤편 문은 주로 사미나 행자들의 출입문이다. 그러므로 객이 처음 가서 상판쪽 사이 문을 사용하지 않거나 함부로 다른 곳을 통행해서는 안 된다.

또한 자리에 앉는 차서次序에 대해서도 규정이 매우 까다롭게 정해져 있다. 식사 공양 때 보면 어간문 쪽으로부터 상판과 하판이 갈라지는데 상판 쪽 첫머리에는 방장이나 조실 스님이 앉게 되고 그 옆을 따라 입승入繩 스님 그리고 연차순으로 앉게 되는데 그 성분상으로는 이판측理判側 스님들이며 또한 본사 스님들이 아닌 나그네 스님들이 차례로 앉게 되어 있다. 이와 달리 부엌 쪽을 하판이라 부르는데 여기 첫머리에는 주지 스님을 위시하여 본사 노덕老德 스님들이 앉게 되는데 주로 사판측事判側 스님들이 연순年順으로 좌차座次를 정해 앉게 된다.

그리고 어간문과 정면 맞은편 쪽으로는 사미행자들이 앉도록 되어 있는 것이 사찰의 상규례常規例이다. 그런데 이것보다 큰방에 들어가면 사방 벽에 큰 글씨로 써 붙여 놓은 것이 있는데 어간 쪽으로부터 말하자면 하판 첫머리에는 청산靑山이라 했고 상판 첫머리에는 백운白雲이라 해 놓은 것을 가끔 볼 수 있을 것이다.

여기에서 청산이란 뜻은 부동不動이란 의미가 들어 있다. 청산은 결코 움직일 수가 없는 것이기에 본사측 스님들 곧 유동성이 없다는 뜻이며 상판측 첫머리에 백운이라 한 것은 객으로 있는 스님들을 일컫는데 곧 구름처럼 유동성을 가졌다고 하여 백운으로 표시한 것이다. 이 때문에 운수납자란 말이 있는 것이다. 또한 청산은 문수文殊를 의미하고 백운은 보현을 의미하기도 한다. 그리고 상판 벽壁에는 오관五觀이라 써 붙이고 하판 벽에는 삼함三緘이라 써 붙여 놓았다. 여기에서 오관五觀이란 공양할 때 항상 마음속으로 생각하고 염관念觀하는 다섯 가지를 의미한다.

첫째, 이 음식이 나에게 오기까지 농부들의 신고辛苦는 또 얼마나 많았으며 아무 허물없는 방생 곧 벌레들의 생명은 얼마나 없어졌으며 시주들의 공덕은 얼마나 쌓였을까 하는 것을 생각해야 한다는 것이다.

둘째, 이 음식물을 내가 당연히 받아먹을만한 덕행德行을 갖추었는가를 반성하라는 것이다.

셋째, 마음을 근신하여 결코 탐욕을 내지 말아야 한다는 뜻이다.

넷째, 지금 받아먹고 있는 이 음식들은 수도와 정진에 있어 기갈飢渴을 면하도록 하기 위함에 지나지 않으며 수도를 하는 데 반드시 육신을 보호하지 않으면 안 되기 때문에 허약을 예방하는 식약食藥 정도로 생각하라는 것이다.

다섯째, 음식은 수도를 위해 섭취하기 위함이라는 것을 관觀하라는 뜻이다.

이와 같이 사찰의 생활은 매우 엄격하다. 밥 먹고 잠자고, 가고 오고 하는 생활 행동이 모두 정진과 수도에 결부되어 있다. 이것을 제외하고는 다른 것은 있을 수가 없다. 그리고 삼함三緘이라는 말은 『치문緇門』에 보면 금인삼함金人三緘이란 구절이 있는데 금인으로서는 입을 세 번 꿰맨다는 말이다.

입이란 잘못하면 화근이 되며 더구나 삼업三業가운데서도 가장 엄격히 주의해야 하기 때문에 한 번만 꿰매는 것이 아니라 세 번씩이나 꿰매어 함봉緘封한다는 의미이다. 입을 조심한다는 것은 불교뿐만 아니라 유교에서도 그러하고 모든 윤리덕목에 빼 놓을 수 없는 중요한 항목 중의 하나이다.

상판에서는 오관으로 하판에서는 삼함으로 서로가 다투지 않고 오직 수도에만 전념하라는 무서운 계훈誡訓이라 생각한다. 그리고 탁자 아래편 위쪽에는 입승入繩이라 써 붙이고 아래쪽에는 간성看星이라 써 붙여 놓은 것이 보인다.

입승이란 뜻은 상고시대에는 문자가 없었기 때문에 죄인이 있게 되면 그 죄에 해당되는 법을 기록했는데 문자가 없어 곤란한 것을 노끈으로 대신하여 매듭으로 표시했다는 데서 유래된 것이다.

다시 말해 입승이란 법을 세우는 책임자를 뜻하는 것이며 이 책임을 맡은 사람이 이 자리에 앉도록 되어 있는 것이다. 곧 사규

청률寺規淸律을 집행하고 관장하는 사람이 앉는 자리라는 것을 표시한 말이다. 그리고 간성看星은 알기 쉽게 말해 부존扶尊이란 뜻이다. 옛날에는 시계가 없어 시간을 가늠하기 극히 곤란했는데 별을 보고 시간을 짐작하였다는 데서 유래된 것이다.

부존扶尊은 조석 예경과 사시巳時 공양 및 모든 의전儀典을 집행하는 사람이다. 시간을 정확하게 체크해야 하므로 항상 별의 위치를 보고 시간을 헤아려야 한다. 바로 이 책임을 맡은 사람을 부존이라 하는데 이 사람이 앉는 자리가 바로 그곳이다.

사찰의 큰방은 곧 공동생활의 장소이며 수도연마을 위한 도량이다. 이와 같이 눈에 보이는 것 하나 하나라도 모두가 경훈조도警訓祖道의 깊은 뜻을 가지고 있다는 것을 명심해야 한다.

　　물 따라 구름 따라
　　청산을 찾아들고

　　심백深白된 방랑으로
　　몸과 마음 닦을 적에

　　저문 날 소슬 바람이
　　먹물 자락 흔든다.

천지에 걸림 없는
단표일양單瓢一襄 부러워라.

깊은 숲 바위틈에
늦은 종이 울릴 적에

물외物外의 한가한 소식
깨쳐질 듯 하구려.

겉으로는 무애행이
안으로는 청규清規 지켜

내연內燃의 다스린 뜻
삼계三界 하나 뛰어넘자

한 마음 굳은 결심을 품고 살아가노라.

3장

영원한 대자유를 얻어라

사찰초창낙성식 법어 寺刹初創落成式 法語

『화엄경』에 이런 말이 있습니다.

佛身充滿於法界　普現一切衆生前
불신충만어법계　　보현일체중생전
隨緣赴感未不周　而恒處此菩提座
수연부감미불주　　이항처차보리좌

부처님은 온누리 가득하여 모든 중생에 널리 비치네.
인연 따라 미치지 않는 곳 없지만 항상 보리좌를 떠나지 않네.

부처란 명名과 상相을 떠났으며 충만치 않은 곳이 없으며 시방
十方과 삼세三世를 초월하였으며 그 광명이 법계에 창일漲溢하여

일초일목一草一木이라도 그 은혜에 젖지 않음이 없습니다.

재재처처在在處處가 불찰불신佛刹佛身이요 삼라만상이 청정법신입니다. 어느 곳 어디인들 상적광토常寂光土가 아닐 수 없으며 무량수無量壽 무량광無量光이 아닐 수 있겠습니까마는 지혜가 암둔暗鈍하고 업장業障이 후중厚重한 우리 중생들로서는 동정動靜을 같이하는 부처를 부처로 볼 줄 모르며 청정법신 속에서 호흡을 같이하고 살면서도 청정법신의 진체眞體를 보지 못하는 것이 그저 안타깝기 그지없고 답답하기 한량없습니다.

사찰이 하나 초창初創되었다는 말은 부처님의 화신化身이 하나 새롭게 나타났다는 말과 같은 것이며 짙은 업장을 소멸시킬 수 있는 도량道場이 또 한 군데 건립되었다는 말과 같습니다. 사찰이란 대중이 공동으로 마음에 묻어 있는 후중厚重한 진구塵垢를 세척洗滌할 수 있는 성지이며 대도만행大道萬行을 고루고루 수행하여 정각正覺의 절정에 오를 수 있는 신성하고 장엄한 영장靈場일 것입니다.

그렇다면 오늘의 낙성식은 참으로 그 의의가 자못 중대하기 이를 데 없고 그 사명과 책임이 진실로 언어도단言語道斷이라 하지 않을 수 없을 것입니다. 자리이타自利利他의 대원大願이 구현성취되어야 할 것이며 일시성불一時成佛의 대과大果가 이곳에서 이루어져야 할 것입니다.

눈으로 볼 수 없는 누적累積된 죄업이 여기서 해소되어야 할 것이며 내성內省의 정진으로 증오證悟의 불과佛果를 여기서 얻어야 할 것입니다. 인천人天의 안목眼目을 열 수 있는 명안종사明眼宗師가 이 도량에서 쏟아져 나와 격외格外의 고준한 설법으로 미륜迷倫을 제도하는 산림법회山林法會가 끊어지지 않아야 할 것이며 강론현담講論玄談으로 항상 법륜상전法輪常轉의 계기가 되어 고해에 허덕이고 있는 군생群生을 상락아정常樂我淨의 언덕으로 인도할 수 있는 법열法悅의 연대蓮擡가 되어야 할 것입니다. 이것이 사찰 건립의 기본정신이며 수행납자의 본분이며 사명입니다.

이러한 원대심현遠大深玄한 뜻으로 이곳에 사찰을 초창初創함에 있어 물심양면의 다대多大한 원호 아래 오늘 낙성落成의 결과를 보도록 하여 주신 청신사 청신녀 여러분에게 깊이 감사하오며 사회유지 여러분의 지대한 신심과 편달에 깊은 경의를 표함과 아울러 본사 주지 스님의 서원과 노고를 다시 한 번 높이 찬양하는 바이옵니다.

출가일 법어 出家日 法語

　출가出家란 말은 집에서 나갔다는 뜻입니다. 그런데 여기에서 가장 문제가 되는 것은 집이라는 이것입니다. 생사의 무서운 윤회를 벗어나고 대해탈大解脫, 대열반大涅槃을 얻겠다는 굳은 결심으로 일념 정진一念精進의 대업을 시작하는 사람으로서는 가족과 친지들을 떠나야 그 정신이 순수할 수 있고 정진이 전일專一할 수 있기 때문에 출가하지 않을 수 없다는 것은 누구라도 긍정해야 될 명료明瞭한 사실이라 생각하는 바이옵니다.

　수행할 사람으로서 반드시 출가가 필요불가결하다는 것은 두말의 여지가 없겠습니다마는 가家라는 이것 곧 집이라는 것은 무엇을 가리키는 것일까?

　치문緇門에 보면, 출가를 세 종류로 구분해 놓았습니다. 사친출가辭親出家, 오도출가悟道出家, 증과출가證果出家, 이것을 삼종

출가三種出家라 합니다.

  첫째 가家라는 글자는 개념부터 한 번 살펴보는 것이 좋을 것 같습니다. 가家란 곧 집이란 말인데 이것은 유형有形의 집도 있고 무형無形의 집도 있습니다. 음악을 전문으로 연구하는 사람은 음악가, 문학을 전문으로 하는 사람을 문학가, 두부를 전문으로 만들어 파는 집을 두부집, 떡을 전문으로 파는 집을 떡집, 이렇게 무엇이라도 전문성을 띠는 것이면 모두 가家라는 글자가 붙게 되는 것입니다.

  이러한 부류의 가家는 모두 무형의 가家에 속하는 것이라 볼 수 있습니다. 무형의 가家란 바꾸어 말할 때 집착이란 말과 상통된다고 할 수 있습니다. 무엇이든 한군데 집착하여 항상 그것에만 정신을 경주몰두하게 된다면 가家라고 하는 것입니다.

  누에가 고치를 짓고 그 안에 들어앉아 있는 것처럼 정신이 어느 한군데 집착된 그 테두리 안에 사로잡혀 항상 좁은 자기 세계에만 전념하고 있다면 가家라고 볼 수 있습니다. 자기 혼자서 생각하고 연구하는 그 한 방면에 대하여 정신을 집중시키고 있는 것을 가家라고 합니다. 이는 분명히 무형의 집입니다. 그와 반대로 기와집, 초가집, 네 집, 내 집, 큰 집, 작은 집 등으로 물질적이며 육안肉眼으로 볼 수 있는 집이라면 이것은 이설異說이 있을 수 없는 유형의 집일 것입니다.

불교에서는 유형의 집이 문제되는 것보다 무형의 집이 더 큰 문제를 가지고 있다는 것을 알아야 합니다. 집착이란 가장 무서운 적이며 또한 제거하기에 제일 힘든 일이기 때문입니다. 이것만 끊어지면 성불이요 열반이요 해탈이 되는 것입니다.

그런데 위에서 말한 삼종출가의 첫째가 되는 사친출가辭親出家란 탈속장부脫俗丈夫가 되어 생사윤회의 고통을 벗어나겠다는 확고한 결심을 세운 다음, 부모형제와 가족친지들을 이별하고 떠나게 되는 용기 있는 첫걸음을 의미하는 것입니다. 한편으로는 집착과 이상의 집에 갇혀 그 굴레를 탈출하지 못하다가 그것을 헤치고 부수어 밖으로 뛰어나오는 것도 처음되는 이 출가에 해당되는 것입니다.

쉽게 말하자면, 어떤 철학자가 자기가 전공하는 그 철학부문에 사로잡혀 있다가 그것을 탈출하고 입산수도의 길을 걷기 시작하였다면 이 또한 무형의 집에서 뛰쳐나와 출가의 길에 오르게 된 것이라는 뜻입니다.

둘째는 오도출가悟道出家입니다. 오도란 뜻은 이제부터는 자기가 가야 할 옳은 길을 바로 찾았다는 의미입니다. 목적지까지 가는 데는 많은 길이 있습니다. 험한 길도 있고 먼 길도 있으며 길 같은 데 가다 보면 길이 아닌 길도 있고 낮은 길도 있고 높은 길도 있고 별별 허다한 길 가운데서 오랫동안 자세히 관찰한 결과, 가장 옳은 길을 찾아내었다는 뜻입니다.

도道란 곧 길입니다. 바둑 두는 것을 기도棋道라 하고 낚시하는 것을 조도釣道라 하고 먹기 좋아하는 것을 식도食道라 합니다. 도道라 하니 대단한 것처럼 생각될지 모르지만 자기가 어느 한 곳으로 마음을 쏟게 되고 그쪽을 추구하는 것은 모두 도라 할 수 있습니다.

육신적으로 가는 길을 말하는 것이 아니라 정신적으로 가는 길을 말하는 것입니다. 불교에 있어서 이제부터는 사혹邪惑에 빠지지 않고 성불의 길로 바로 찾아갈 수 있는 옳은 길을 얻었다는 것을 오도悟道라 할 수 있습니다. 흔히 오도와 성불을 혼동하여 생각하는 분들이 많다는 것은 매우 안타까운 일입니다.

오도란 위에서도 말한 바와 같이 부처되는 바른길을 알았다는 것이며 이제부터 그 길을 부지런히 걸어가야만 최종 목적지가 되는 부처라는 곳에 도달될 수 있다는 것입니다. 하지만 겨우 길을 처음 알게 된 것을 가지고 목적지로 오인해서는 안 됩니다. 대다수가 이러한 커다란 착오를 하고 있습니다.

서울을 목적지로 하고 길 떠난 사람이 부산역을 서울로 생각해서는 안 된다는 말입니다. 부산역이 서울 가는 가장 빠른 길이라는 것을 알았으면 거기서부터 기차를 타고 오랜 시간을 지내면서 서울까지 가야 비로소 목적지가 달성되는 것입니다. 길 하나 옳게 찾는다는 것은 결코 쉬운 일이 아닙니다. 즉 이제부터라도 혼미에 빠져 헤매지 않고 가장 밝고 빠르게 바른길을 찾았다는 그것이 바로 오도출가입니다.

끝으로 증과출가證果出家라는 것인데 이것이야말로 진정 완전 무결한 출가입니다. 증과란 목적지의 정상을 정복했다는 뜻입니다. 다시 말해 오랜 수행과 정진의 길을 걸어 이제는 다시 더 갈 곳 없는 마지막 최고지最高地가 되는 성불에 도달되었다는 말입니다. 이것을 삼계출가三界出家라고도 하는 것인데 삼계화택三界火宅을 완전히 벗어나서 영원히 업고業苦에 시달리지 않는 해탈의 경지를 의미하는 것입니다. 해탈이란 번뇌와 망상과 혹업惑業에 얽매인 속박에서 벗어나 대자유를 얻었다는 의미입니다.

여기까지 이르러야 출가의 뜻을 진정 다한 것이며 또한 이렇게 된 것을 출가라 하는 것입니다. 우리들은 첫째가 되는 사친출가辭親出家 하나만을 겨우 형식상 했다고 할 수 있으나 오도출가와 증과출가라는 창창한 먼 길이 아직 남아 있다는 것을 항상 염두에 잊지 말아야 할 것이며 목적지를 찾기 위한 옳은 길부터 먼저 알아내는 것이 급선무임을 잊지 말아야 할 것입니다.

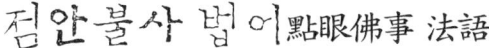

점안불사 법어 點眼佛事 法語

　본법상本法上으로 볼 때 점안點眼이란 말 자체가 매우 의심스럽기도 하고 또한 얼른 이해되지 않는 것도 역연歷然한 사실이 아닐 수 없습니다. 어디를 가리켜 부처의 눈이라 할 것이며 또는 어디에 대고 점안點眼을 한다는 말인지 한량없이 우스운 말이 아닐 수 없습니다. 진사법계塵沙法界와 삼라만상이 전부 일원상一圓相 최청정법신最淸淨法身일진대 눈은 어디며 귀는 도대체 어디란 말이겠습니까? 또 『금강경』에 금불金佛은 부도로不渡爐, 목불木佛은 부도화不渡火, 니불泥佛은 부도수不渡水라 하였으니 금불金佛, 목불木佛, 니불泥佛도 실상 부처가 아니란 말이 아니겠습니까. 그렇다면 대중 여러분에게 묻습니다. 오늘 점안點眼은 진정 어디다 해야 옳단 말입니까?

　부처란 고불古佛, 신불新佛이 있을 수 없고 명호名號와 상모相

貌가 다를 수 없습니다. 만일 여기에 있어 명호名號와 상모相貌를 다르게 생각한다든지 고불古佛과 신불神佛을 구분한다든지 하는 분별심分別心을 일으킨다면 이 사람은 확실히 사도邪道를 행한다고 하지 않을 수가 없습니다. 절대로 참 부처를 볼 수 없을 것입니다. 그리고 오늘 점안하는 여기에 좁은 집착이나 떼지 못할 괘애罣碍를 가지게 되더라도 이 사람은 격외格外의 부처라든지 청정법신의 진체眞體는 찾아볼 수 없을 것입니다.

그러나 이것은 너무도 차원 높은 법담이며 본연의 소식消息이기 때문에 일반 초신자初信者로서는 이해하기 매우 어려울 것이므로 다시 쉽게 풀이하고자 합니다. 유현한 진리 그리고 영원의 생명체는 명名도 없고 상相도 없고 시방十方을 초월하고 삼제三際를 관철하여 그 당체當體의 지칭이 불가능에 가까우며 법신진불法身眞佛을 보여 줄 수 없는 것이므로 부득이 방편이 가설되지 않을 수 없고 비유가 성립되지 않을 수 없습니다. 한 번 더 자세히 말하자면 불상이란 법신진불을 찾으려는 사람들에게 이정표이며 안내자일 것입니다.

불상에 지성껏 예배함이 곧 법신진불에 예배하는 것이며 성심을 기울여 정진하는 그것이 그대로 눈으로 볼 수 없는 진여법신에 정진하는 것이 된다는 것을 알아야 할 것입니다. 그것은 불상 그 자체가 영험하다기보다는 순수한 자신의 굳센 신념에 의하여 성취되는 것이라는 것도 오달悟達해야 될 것입니다. 불상에 대하여 영험의 유무를 논한다거나 신통변화를 기대하는 따위의 생각은 미신이며 사도邪道일 것입니다.

오늘에 있어 점안이라는 것은 역시 하나의 정진이며 기도입니다. 과녁을 겨냥하여 활을 쏘는 사람이라면 정신을 한데 모아 일심을 경주하여야 합니다. 이와 같이 점안이란 흩어진 마음을 한군데로 집중시켜 맑고 밝은 지혜의 횃불을 한곳으로 주입시키는 정진의 수단으로 생각해야 될 것입니다.

범위가 넓게 흐트러진 마음으로서는 도저히 옳은 정진이 될 수 없으므로 범위를 점안點眼이라는 좁은 곳으로 몰아넣어 대중과 같이 정진하는 의식이며 하나의 방편, 하나의 수단이라는 것을 확실히 알아 일심一心으로 오늘의 점안에 수행과 정진이 더욱 빛나기를 기원하는 바입니다.

결제 법어 結制 法語

오늘을 일러 결제結制라 하는데 누가 무엇으로 얽어 놓았기에 결제라 하는지 알 수가 없습니다. 본분本分의 큰 눈으로 볼 때 결제는 무엇이며 해제解制는 무엇인지 도무지 분간이 되지 않습니다. 산하대지가 청정법신이요 삼라만상이 본래부터 부처인데 결제는 어디다 하는 것이며 해제는 어디다 하는 것인지 분명한 대답을 기다리지 않을 수가 없습니다. 결제가 따로 없고 해제가 따로 없는 쇄락灑落한 장부가 오늘에야 한층 더 그리워지기만 합니다.

『금강경』에 이런 말이 있지 않습니까?

得樹攀枝未足奇　　縣崖撤手丈夫兒
득수반지미족기　　현애철수장부아

나뭇가지를 휘어잡아 붙드는 것도 신통할 것은 전혀 없다.
벼랑에 손을 놓고 따로 설 줄 알아야 장부라 할 것이다.

털끝 하나라도 미진한 것이 있으면 안 된다는 말입니다. 빨간 알몸으로 건곤乾坤에 걸림이 없고 우주에 집착된 곳이 없는 적나라 미쇄쇄赤裸裸未灑灑한 자리에 때묻은 결제, 때묻은 해제 이것이야말로 참으로 가관이라 하지 않을 수 없고 어린 중생들의 철없는 잠꼬대가 아닐 수 없습니다. 다시 한 번 말하거니와 결제가 있는 곳이라면 생사의 어두운 업풍業風이 따르는 곳이며 출몰의 무서운 고통이 물결치는 곳이라는 것을 분명히 알아야 합니다.

모든 속박에서 해방되어 영원한 대자유를 얻자는 것이 우리들의 염원이라면 하루빨리 어리석음에서 벗어나야 할 것입니다. 대중에게 이르노니 무애장부無碍丈夫가 있거든 주저하지 말고 어서 나와 건곤 밖에서 큰 소리로 태평가 한 곡조를 불러 분소粉搔한 이 자리를 안정시켜 주어야 할 것입니다. 그러나 오늘의 결제는 또한 확실히 현실입니다.

전미개오轉迷開悟가 성불의 요체要諦일진대 어두운 진구塵垢를 탈곡脫穀코자 함에 있어 어찌 용맹스런 정진이 필요하지 않을 수 있겠습니까.

정진 없는 곳에 해탈이 있을 수 없고 생사의 험한 물결을 건너갈 수 없다는 것은 너무도 평범하고 당연한 이치가 아니겠습니까? 석 달이라는 기간을 설정하여 그 정해진 기간 안에 수행해야 될 과업은 진실로 중대하다는 것을 인식해야 합니다.

윤회의 고통을 벗어나고 삼계를 초출超出하여 대자재大自在, 대해탈大解脫, 대열반大解脫을 얻게 되는 것이며 정각正覺을 이루어 영원의 대생명을 향유할 수 있는 커다란 작업을 성취하자는 데 있습니다.

이러한 거대한 작업을 오늘부터 석 달 동안에 기어이 완수해야 겠다는 굳은 결심과 비상한 각오와 엄청난 용기가 없이는 진실로 오늘을 맞이하는 의의가 없는 것이라고 생각하지 않을 수 없습니다. 다시 말해 곧 성불의 준비 작업이 시작되는 날이라는 말입니다.

어찌 보면 커다란 모험이 아닐 수 없고 너무나 도道에 넘는 큰 일이 아닐 수 없습니다마는 옛 조사祖師와 부처들이 모두 이러한 과정을 거쳐 생사윤회의 고통을 벗어난 것이 확실한 이상, 우리들 이라고 해서 안 될 까닭이 있겠습니까?

오직 여기에는 대분심大憤心, 대포고大怖苦, 대용맹大勇猛, 대 정진大精進만이 있을 뿐입니다. 그리하여 오늘 이 자리에 같은 결심으로 모인 대중 여러분은 일치된 한마음 한뜻으로 험하고도 무서운 이 관문을 돌파하여 해제되는 날, 첫새벽 모두 함께 성불의 법좌法座에 빠짐없이 오르기를 지심至心으로 기원하는 바입니다.

해제 법어 解制 法語

　해제解制라는 말은 모든 제약에서 풀려나는 것을 의미하는 것
인데 본래 얽혀 묶어 놓은 일이 없거늘 풀려나기는 어디서 풀려나
는 것이며 누가 풀려난단 말입니까.

　대중大衆 여러분은 가슴에 손을 얹고 고요히 한번 생각하여야
합니다. 또 글자 그대로 해제라 한다면 여러분들은 정말 해제가
되었다고 생각해도 후회와 미련이 없을 만큼 시원한 해제가 되었
는지 이것 역시 매우 궁금하지 않을 수가 없습니다.

　『금강경』에 보면 ‘本來無南北 何處有東西본래무남북 하처유
동서’ 라는 말이 있습니다. 무한한 시간, 유원悠遠한 공간, 불생불
멸의 진여眞如 여기에 어찌 해제란 말이 붙을 수 있으며 결제란
말이 있을 수 있겠는가라는 말입니다. 결제와 해제란 끊어진 곳에
참다운 결제와 해제가 있어야 하는 것이며 형식과 외모에 나타난

이것이 없는 곳에 진정한 이것이 있다는 것을 확실히 알아야 합니다. 시간과 공간에 초월된 결제가 아니면 결제라 볼 수 없을 것이며 우주와 건곤 밖의 격외적格外的인 해제가 아니면 또한 해제라 할 수 없을 것입니다.

'竹影掃階塵不動 月穿潭底水無痕죽영소계진부동 월천담저수무흔' 이란 말이 있지 않습니까?

대나무 그림자가 뜰을 쓸어도 티끌은 움직이지 않고, 달빛이 못 바닥에 사무쳐도 물에는 흔적이 없다고 한 말은 분명 무엇을 뜻하는 것일까요?

근실勤實한 수행과 일찬 정진을 더욱 가중하기 위해 무형한 가운데서 유형한 기간을 설정한 것이라 한다지만 우리들에게는 기간이라는 것이 있을 수 없으며 한도限度라는 것이 있을 수 없는 것입니다. 또한 입정출정入定出定이 있을 수 없고 입선방선入禪放禪이 있을 수 없습니다.

오직 부단한 정진과 계속되는 수행만이 있을 뿐입니다.

생사의 무서운 윤회가 굽이치는 여기를 어떻게 해야 건너갈 수 있을까? 무상살혼無常殺魂의 무서운 박격迫擊과 삼계화택三界火宅의 뜨거운 암야暗夜를 어떻게 해야 뛰어넘을 수 있을까요.

포고발심怖苦發心의 굳은 신심과 전미개오의 비상한 각오로 시급한 자신을 구제하지 않으면 안 될 것이며 영생의 대생명을 구하지 않으면 안 될 것입니다.

오늘의 해제를 해제로 생각하는 안일과 해태懈怠, 이것은 오히려 구도의 전진에 있어 커다란 장애가 될 것이며 생사고통에 있어 지대한 풍랑이 될 것임을 명심해야 합니다. 그리하여 대자유 속에서 얻어지는 해제, 대생명 속에서 얻어지는 해제 이것이야말로 참다운 해제일 것입니다.

불탄절 법어佛誕節 法語

염송에 이런 말이 있습니다.

'未離兜率 已降王宮 未出母胎 度生已畢미리도솔 이강왕궁 미출모태 도생이필' 이라 하였습니다.

다시 말하자면 세존께서 도솔천을 떠나지 않으시고 정반왕궁淨飯王宮에 하강下降하셨으며 마야부인의 태중胎中에서 나시지도 않으시고 모든 중생을 다 제도해 마쳤다는 말씀입니다. 이것이 부처의 본분소식本分消息입니다.

오늘 사월 팔일을 부처님이 탄생하신 날이라고 생각하시지만 사실에 있어 부처란 도솔천에서 하강하실 수도 없는 것이며 마야부인에게 입태入胎니 혹은 출태出胎니 하는 것도 있을 수가 없는 것입니다. 그러기 때문에 이런 말이 있지 않습니까?

'옛 부처 나기 전에 원상圓相 하나 뚜렷했네. 석가도 몰랐거니

가섭迦葉이 어찌 전할 것인가.'

부처란 그야말로 불생불멸不生不滅이며 불구부정不垢不淨, 부증불감不增不減인 것입니다. 어찌 생사출몰生死出沒이 있을 수 있으며 출입성쇠出入盛衰가 있을 수 있겠습니까? 이러한 뜻으로 볼 때 석가세존의 팔상시현八相示現은 중생교화衆生敎化를 위한 권화방편權化方便이며 화신현적化身玄跡인 것입니다. 한 번 더 분명히 말하자면 오늘은 석가세존이 사바세계에 강탄降誕하신 날입니다. 하지만 결코 본분本分의 부처는 강탄降誕이 있을 수 없는 것입니다.

본분의 부처란 진리이며 마음이며 우주의 힘이기 때문에 생멸천류生滅遷流에 물들지 않고 거래왕복去來往復에 동요되지 않습니다. 시간과 공간에 초월된 무형무상無形無常의 존재이기 때문입니다.

이러한 오묘심심奧妙甚深한 뜻을 체달體達하여 우리들의 본래면목을 바로 찾고 진누塵累의 업박業縛에서 해탈하자는 것이 오늘을 맞는 가장 중대한 의의라 생각합니다. 위대하신 석가세존께서 탄생하신 날이라는 다만 피상적인 희열에 도야陶冶되어 자기반성이 박약하다거나 본래의 부처님을 망각 혹은 정진이 나태되어서는 진정 이 날을 맞는 큰 뜻을 상실하는 결과라 하지 않을 수 없습니다.

석가세존께서는 삼천 년 전 그 밝고도 슬기로운 눈으로 부처를 보셨는데 우리들은 석가세존께 부처 보는 방법의 자세한 설명과 간절하신 지도를 받으면서도 아직까지 부처를 못 보고 고해파랑苦海波浪에서 생사출몰의 고통을 못 면하는 이것이 어찌 통분과 회한치 않을 수가 있겠는가 하는 것을 오늘 새삼 뼈아프게 느끼지 않으면 안 될 것입니다.

부처와 중생이 결코 둘이 아니라는 대원리를 생각해 볼 때 다같은 부처의 자격과 본질을 가지고도 다만 진여법성眞如法性을 바로 볼 줄 아는 슬기로운 눈을 가지지 못해 우리들은 한없는 먼 세월을 업해풍랑業海風浪에 시달리고 생사윤회의 고통을 벗어나지 못하였기 때문에 아직도 어둡고 어리석은 중생의 위치를 면하지 못하고 있는 것입니다.

『기신론起信論』에 보면 순류문順流門이 있고 반류문返流文이 있다고 설명되어 있습니다. 순류문順流門이란 생사윤회의 고해 속에서 언제든지 업풍業風이 부는 대로 둥둥 떠 흘러가는 것을 말한 것이며, 반류문返流文이란 무한한 세월을 생사업해生死業海에 표류하다가 한 생각 돌이켜 자성을 되찾고 영원한 생명을 되찾으려 발심분발하는 것을 뜻하는 것입니다. 우리들은 한시 바삐 반류문反流門으로 들어서야 할 것입니다.

오늘 탄신절誕辰節을 맞음에 있어 등을 밝히고 공양을 올리고

노래 부르고 한갓 축제의 들뜬 기분으로 남의 탄신誕辰을 축하하는 행사로만 만족할 수는 없는 것이며 또 이것이 진정 축하가 되는 것이라 생각해서는 결코 안 되는 것입니다.

삼천 년 전 석가모니께서는 반류문返流門으로 들어가 벌써 성불의 정상에 올라가셨는데 우리들은 다 같은 자격과 본질을 가지고도 아직까지 순류順流의 업랑業浪에 시달리고만 있어서야 될 것인가? 하는 대분심大憤心을 일으켜 지금부터라도 석가모니께서 걷던 길을 바로 걷고 석가모니께서 시키시던 방법대로 수행과 정진을 열심히 하여 더러운 중생의 위치에서 깨끗한 부처의 위치로 바뀌어지는 것이 진정 오늘을 맞는 찬뜻이 되는 것이며 광대무변한 불은佛恩에 만분의 일이라도 보답하는 길이며 또한 참다운 축하가 되는 것이라 생각합니다.

성도절 법어 成道節 法語

    우리 세존께서는 약 삼천 년 전 오늘 새벽 동쪽 하늘에 떠오르는 샛별을 보시고 우주의 직리直理를 깨달아 성도成道하셨다고 하는데 대중 여러분께서는 오늘 새벽 샛별을 보시고 무엇을 깨달았는지 궁금하기 그지없습니다. 다 같은 섣달 다 같은 초여드레 다 같은 샛별인데 어찌하여 석가모니는 성도를 하셨고 우리들은 지금까지 성도를 하지 못했는지 궁금하지 않을 수가 없습니다.

    무엇인가 또는 어딘가 크게 잘못된 것이 있는 것만은 틀림없습니다. 그렇다면 그 성도라는 것은 대관절 무엇을 뜻하는 것인지 한번 고요히 살펴보는 것이 가장 긴요한 일이라 생각됩니다.

    목표 대상이 되는 성도를 바로 알지 못해서는 부질없는 헛된 노력과 고생만 하게 되는 것입니다.

    목적지의 위치와 그 성격과 그것을 추구할 수 있는 방법과 노정을 명확하게 미리 알고 난 다음 힘찬 출발이 시작되어야 할 것입니다.

도를 이루었다는 말은 우주의 본체가 되는 진여법성에 부합귀일되었다는 말입니다.

현재 우리 인간들은 청정본연한 자성에서 멀리 떨어진 미망의 세계에서 전도顚倒와 몽상을 실체로 알고 상락아정常樂我淨을 거꾸로 보아 참된 자기 발견을 하지 못하고 영겁의 생사고륜生死苦輪을 벗어나지 못하기 때문에 이것을 빨리 벗어나지 않으면 안 되겠다는 굳은 결심으로 일대 분발심을 일으켜 용맹스런 정진과 피나는 수행으로 제2의 자기를 완전히 발견하여 우주의 본체가 되는 진여법성에 귀일케 되는 것입니다. 이것을 최고의 인격완성이라 하며 또한 열반, 해탈, 성불이라 하는 것입니다. 말하자면 몹시도 어려운 과업이 아닐 수 없습니다.

우리 세존께서도 이러한 영원의 생명을 얻기 위해 육 년의 수도가 필요했던 것입니다. 왕궁의 부귀와 그 극위極位의 영화도 버렸던 것입니다. 동천의 샛별을 보시고 성도하셨다고 할 때 동천에 어떤 뜻깊은 이치가 있는 것도 아니고 샛별에 무슨 특별한 이유가 있는 것도 더더구나 아닙니다.

혹업고삼장惑業苦三障이 무너지고 추혹세혹麁惑細惑이 완전히 소멸된 경지에서 성성惺惺한 적조寂照의 불빛이 반짝이고 있을 무렵, 홀연히 동천의 샛별이 떠오르는 것과 마주칠 때 모든 회의의 구름이 사라지고 우주의 대생명을 확철히 깨닫게 되는 장엄찬란한 순간을 의미하는 것입니다.

석가세존의 밝으신 눈에 비춰진 우주의 대생명, 이것을 부처라 하는 것입니다. 이 부처는 불생불멸이며 불구부정不垢不淨이며 거래와 명상名相이 끊어졌으며 시간과 공간에 초월된 청정무구한 진여법성眞如法性입니다. 오늘의 성도는 우리 세존께서 이것을 증득證得하셨으며 확철하신 것입니다.

이러한 뜻 깊은 날을 맞이함에 있어 대중 여러분께서는 어떠한 각오와 어떠한 결심과 어떠한 태도로 이 법석法席에 다다르시게 되었는가 하는 것도 스스로 분명히 점검해 보아야 할 것이며 출가의 본의本義와 불교의 원리를 다시 한번 냉정히 살펴보아야 할 것입니다.

삼천 년 전 우리 세존께서 오늘 새벽 성도하셨다는 위대한 사실에 대하여 한갓 축하로 그친다거나 기념으로 생각한다거나 하는 무감각하고 무관심한 태도로는 절대 불자의 도리를 다하는 것이 아닐 것이며 나아가 광대한 불은佛恩에 대하여 호말毫末의 보은도 되지 못한다는 것을 절감해야 될 것입니다.

적어도 명년明年 이날 첫새벽 저 샛별의 빛을 볼 때는 다같이 우리 세존처럼 생사의 윤고輪苦를 벗어나고 영원의 대생명을 얻

어 열반의 쾌락을 맛보도록 되어야 할 것입니다. 오직 이것이 성
도일을 맞는 우리 불자들의 자세일 것이며 또한 가져야 할 각오입
니다.

열반재 법어 涅槃齋 法語

오늘은 우리 대성大聖 석가모니께서 열반에 드신 날입니다. 이 날을 기하여 대중 여러분들이 각자 취해야 될 자세는 무엇이며 가져야 될 각오는 무엇이며 행하여야 할 사명은 무엇이겠습니까?

'欲識佛祖廻光處 日落西山月出東욕식불조회광처 일락서산 월출동' 이라 하였으니 열반의 뜻은 이것으로 어지간히 표현되었다고 해도 그다지 커다란 과오는 아닐 것 같습니다.

또 『금강경 오가해』에 '莫謂慈容難得見 不離祇園大道場막위자용난득견 불이기원대도량' 이란 말이 있는 것을 보면 더욱 더 선명하게 열반의 대의가 나타났다고 할 수 있을 것입니다.

더구나 『원각경』에는 생사열반이 유여작몽猶如昨夢이라고까지 설명되었으니 무슨 말이 더 필요하겠습니까. 이러한 열반에 대하여 대중 여러분들은 너무도 소명昭明하고 당당한 우리 세존의 열반을 어떻게 보시고 있는지 그저 궁금할 뿐입니다.

탄신이 있을 수 없고 열반이 있을 수 없는 것이 본분本分의 정확한 소식消息인데도 불구하고 비람강생毘藍降生은 무엇을 뜻하며 쌍림열반雙林涅槃은 무엇을 뜻하는 것입니까? 열반이란 말은 원적圓寂이라 표현된다고 하였습니다. 인간 석가세존께서 청정본연한 법신에 환원되었다는 말이지만 본시本是 파생派生된 것이 아닐진대 환원還元은 또 무슨 환원이란 말입니까?

우리들은 생멸이 있는 곳에서 생멸이 없는 것을 보아야 할 것이며 왕복往復이 있는 곳에서 왕복이 없는 것을 보아야 할 것입니다. 오늘을 흔히들 부처님께서 돌아가신 날이라고 말하고 있습니다. 그러나 이것은 너무도 어리석은 말이며 몽매한 말이라 하지 않을 수 없습니다.

왕사성王舍城 밝은 달빛이 만고萬古에 기울지 않는 이치를 너무도 모르는 것이 한탄스럽고 기원정사의 거룩한 삼십이상三十二相이 영원한 진겁塵劫에 없어지지 않는 도리를 모르는 그것이 정말 아쉽기만 합니다. 그저 한갓 기념일記念日로 생각한다든지 우리 세존께서 입적하신 날이라는 극히 외상적 관념으로만 오늘을 맞는다면 이것은 열반에 대한 참뜻과는 완전히 거리가 멀다는 것을 말하지 않을 수 없습니다.

불교는 하나도 정진이요 둘도 정진입니다.

천경만론千經萬論의 설법이거나 여운여우如雲如雨의 이론일지라도 속으로 알찬 정진이 없다면 이것은 계성풍색溪聲風色과 조금도 다를 바가 없습니다. 고도의 인격이 완성되어 생사윤회를 영원히 면할 수 있는 그 자리에 들어가게 되는 것을 열반이라 하며 이것을 얻기 위해 불교인들은 각고의 노력과 부단한 정진이 계속되는 것입니다. 이것을 제외하고는 다른 일이란 절대 있을 수 없으며 있어서도 안 됩니다.

다시 말해 최종의 정상이 바로 열반이란 것을 알아야 할 것이며 여기에 도달되기 위해 수행과 정진이 부단해야 되는 것입니다. 고요하고 영원하고 항상 즐겁고 대자유, 대평등, 대생명을 누리게 되는 바로 그 자리가 열반인 것입니다.

대중 여러분, 오늘을 맞음에 있어 우리 모두 하루빨리 이곳으로 가기를 굳은 마음으로 결심하고 용맹스런 정진이 계속되기를 바랍니다. 이것이 자타일시성불自他一時成佛이며 미타대원해彌陀大願海에 들어가는 것이며 무량수무량광無量壽無量光을 얻는 길이라는 것을 더욱 명심해야 할 것입니다.

49재 법어 四十九齋 法語

　오늘 모 영가靈駕의 49재齋를 맞이하여 부처님의 법음法音을 전달하게 되고 정법을 바로 깨쳐 생사의 고륜苦輪을 벗어나도록 한다는 가장 뜻 깊고 장엄하고 숙연한 의식을 집행함에 대해 이것이 의식에 그친다거나 외식外飾의 절차로써 이루어질 수는 결코 없습니다. 어디까지나 내실적인 정성과 법력과 의범儀範에 의하여 가족은 물론 우리 대중 전부가 일치된 단성丹誠이 아니고서는 절대로 오늘의 천도가 이루어질 수는 없습니다.

　천도薦度란 뜻은 다른 것이 아니라 우리들의 생활 또는 행동 모든 행위가 육식六識을 통해 아뢰야식阿賴耶識에 전달되고 그것이 그곳에 저장되어 검은 그림자처럼 뭉쳐진 것을 업業이라 하는 것입니다. 이 업이 쌓이고 쌓여 이것의 경중에 따라 육도六途에 생환승침生還昇沈하는 원소元素적 요인이 되는 것입니다. 불교란 다

른 것이 아니라 검은 업을 정화하는 작업이 바로 정진이요 이것이 성취되는 것을 천도라 하는 것입니다. 재齋라는 뜻도 바로 이 뜻입니다.

가족들의 지극한 정성과 부처님의 위신력과 대중의 지성간도至誠懇禱의 힘으로 영가靈駕의 검은 업덩어리를 두드려 부수고 청정무구한 본연의 대생명에 귀일토록 하는 것이 바로 49재의 근본 의미입니다.

영가는 이미 육신을 탈곡脫殼하였기 때문에 형상으로나 음성으로는 도저히 통할 길이 끊어졌습니다. 여기는 다만 마음의 관조觀照와 법력의 투사投射로써 서로가 통할 수 있는 길이 있을 뿐입니다.

정력定力없는 고성염불高聲念佛이 미칠 수 없는 것이며 법력法力없는 의식절차가 상응할 수는 없습니다. 영가와 나와의 대화는 육신의 형해形骸를 떠난 본분本分 본지本旨의 소식만으로 가능할 수 있는 것이며 일편단성一片丹誠이 한데 뭉쳐진 청정일념의 세계에서만 상통될 수 있는 진실한 묘법에 있습니다.

경건한 정숙과 기도와 발원이 융합된 일심일념一心一念으로 영가의 누적된 업장을 소멸시키는 이것이야말로 바로 재의 목적이요 또한 근본 취지라는 것을 알아야 할 것이며 이러한 자세로 재를 봉행하여야 할 것입니다.

칠칠재七七齋의 유래에 대해서는 매우 다단多端한 설명이 붙게 됩니다. 본시 동양에서는 기수奇數를 길상수吉祥數라 하고 우수偶數를 흉수兇數라 규정하여 무엇이라도 기수奇數를 매우 좋아하는 풍습이 있어 아이가 출생하더라도 칠칠일을 기하여 수명과 복덕을 기원하고 사후일死後日에도 마찬가지로 7일마다 재를 올려 명복冥福을 기원하는 습속習俗이 있는 것입니다.

진위는 확실히 알 수 없으나 『십왕경十王經』이라는 책에 보면 사후의 영가를, 엄밀히 그 행업行業을 조사하는 데 있어 십왕十往이 있다고 하였습니다. 7일 마다 하나씩 조사가 끝이 나는데 49일에 가서는 일곱째 대왕인 태산대왕泰山大王이라는 분의 차례이고 백일에 가서는 여덟째가 되는 평등대왕平等大王의 차례이며 소상小祥에는 도시대왕都市大王, 대상大祥에는 전륜대왕轉輪大王이 맡게 되어 재판이 완전히 끝난 다음 그 업보의 경중에 따라 육도에 윤회하게 된다는 것입니다.

이 말대로 한다면 죽은 다음부터 재판이 끝날 때까지는 중음신中陰神의 형태로써 조사를 받게 된다는 것입니다.

아무튼 이러한 논거를 떠나 위에서 말한 바와 같이 본래부터 업행이 청정하여 본연의 진계眞界에 귀일되었다면 재론이 필요치 않겠습니다만 그렇지 못하다면 오직 법력에 의하여 검은 업 덩어리를 오늘 이 자리에서 소멸시키는 것이 49재의 본뜻이라는 것을

깊이 명심하고 경건한 정성을 같이 쏟아 이 대업大業이 성취되도
록 하여야 할 것입니다.

우란분제 법어盂蘭盆齊 法語

　오늘은 시방법계에 산재한 일체유주一切有主 무주영혼無主靈魂 불자들이 고통을 여의고 법락法樂을 얻어 수의왕생隨意往生하는 가정에서는 가장 뜻 깊은 날입니다. 오늘을 백중白衆 또는 백종百鍾, 백종魄縱, 백중百中이라고도 하고 심지어 백종白踵이라고까지 하는 여러 가지 이름이 있는 날이며 또한 자자일自恋日이니 우란분盂蘭盆이니 하는 유래 깊은 의미를 가진 날이기도 합니다. 여기에서 백중이란 말은 대중에게 고백한다는 뜻입니다.

　4월 15일부터 이 날까지 만 석 달 동안 결제기간이기 때문에 그 동안에는 묵언默言으로 지내는 것이 거의 원칙이며, 하고 싶은 말이든지 묻고 싶은 말이든지 무슨 말이든지 일체를 참고 견디어 오다가 오늘 해제解制가 됨에 따라 그동안에 쌓였던 하고 싶은 말들을 한꺼번에 끄집어내어 대중에게 고백한다는 뜻입니다.

결제 중에 모였던 소감이나 공부에 대한 의심의 질문들을 전부 대중 앞에 털어놓아 그동안 쌓였던 의문과 느꼈던 의사를 숨김없이 드러내고 또한 잘못된 점을 참회하고 반성하는 날이라 하여 불가에서는 백중白衆 곧 대중大衆에게 고백告白하는 날이라는 뜻입니다.

그리고 백종百種이라고도 쓰이는데 이것은 불가와는 관계없이 이때쯤이면 백 가지 햇곡식이 거의 익어 처음 나는 햇곡식으로 술도 빚고 떡도 빚고 과일도 차려 조상사당祖上祠堂에 천신薦新한다고 하여 백종百種이라 하는 것입니다. 다시 말해, 백 가지 종자의 새 곡식이 나왔다는 뜻입니다. 이와달리 백종魄縱이란 업에 얽혀 고통의 굴레를 벗어나지 못하고 있던 영혼들이 부처님의 법력에 의하여 해방된다고 하여 백종이란 이름이 붙게 된 것입니다. 곧 혼魂을 놓아준다는 뜻입니다. 또 백중百中이라고 흔히 쓰는데 이것은 일 년 가운데 가장 중심이 되는 절기節氣라는 뜻입니다.

마지막으로 백종白踵이란 뜻은 발뒤꿈치가 희어졌다는 말입니다. 농부들이 봄부터 일하기에 바빠 새벽 일찍 들에 나가고 저녁 늦게 들어오게 되므로 흙 묻은 손발을 깨끗이 씻을 겨를이 없다가 이때쯤이면 농사일도 거진 끝이 나고 한가하여 발뒤꿈치가 희어졌다고 해서 백종白踵이란 말이 나오게 된 것입니다.

그리고 자자일自恣日이란 말은 스스로 뉘우친다는 뜻입니다.

위에서 말한 대로 결제 중에 자신이 대중과 같이 살아오면서 잘못된 점을 반성하고 회오한다는 뜻이기도 합니다. 자기의 허물을 대중 앞에 숨김없이 드러내어 참회하고 다시는 그런 허물을 되풀이하지 않겠다고 맹세하는 것을 의미하는 것입니다. 누구든 이 세상에 사는 사람으로서는 가장 소중한 일은 반성이라고 하지 않을 수가 없습니다. 하루하루의 생활에 잘못이 있었는가? 없었는가? 어찌하면 보다 나은 인간의 길로 걸을 수 있을까? 하는 것을 살펴서 어디가 잘못된 곳이 있다면 이를 시정하는 데 힘을 기울여야 향상向上이 있고 또한 도야陶冶가 있고 발전이 있을 것입니다. 그러므로 자자일이란 꼭 이 날로 정해진 게 아니라 어느 날 어느 때라도 항상 자기의 각하脚下를 반성참회反省懺悔하는 것이 출가자의 본분일 것이며 불자의 사명일 것이며 나아가 인간의 도리일 것입니다. 그런데 특별히 이 날을 자자일이라 한 것은 위에서도 말한 바와 같이 석 달 동안 결제 중 무엇인가 잘못된 것을 발로참회發露懺悔한다는 뜻이 들어 있는 것이라 생각하는 바입니다.

마지막으로 우란분이란 말을 번역하자면 구도현求倒縣이란 의미인데 넓은 이 법계에 살고 있는 유주무주有主無主 영혼들이 육도六途 중에 떨어져 한없는 고통을 받고 있는 것을 오늘 부처님의 위신력과 대중의 지극한 정성으로 이고득락離苦得樂하게 하여 그 고통의 굴레에서 해탈되도록 한다는 뜻입니다.

여기에 대한 전고典故로 『목련경目連經』이라는 책에 보면 목련존자가 출가하기 이전, 아버지의 이름은 전상傳相이요 어머니는 청제靑帝라는 부인이었는데 가산家産이 풍부한 장자長者였다 합니다.

그런데 전상 장자가 병을 얻어 죽은 다음, 남은 가산家産을 삼등분하여 일부는 생활비로 쓰게 하고 일부는 죽은 아버지의 망령亡靈을 위해 매일 오백승재五百僧齋를 지내 천도하는 데 쓰게 하고 남은 일부는 목련 자신이 가지고 타국으로 장사하러 가기로 작정한 다음 어머니에게 아버지 천도를 신신당부한 다음 먼 길을 떠났다고 합니다.

3년이 지나간 다음 목련이 돌아왔으나 그동안 어머니 청제 부인은 아버지의 천도재는 지내지 않고 매일같이 살생과 음주와 방탕으로 날을 지냈던 것입니다. 그러한 죄로 인해 청제 부인은 아비무간지옥阿鼻無間地獄에 떨어져 만사만생萬死萬生의 고통을 받게 되었으며 목련은 그 뒤 출가하여 석가세존의 십대제자 중, 신통神通제자라는 덕 높은 스님이 되었습니다.

그러나 항상 어머니가 생전에 악행을 많이 하였음으로 반드시 지옥에 떨어졌을 것이라 걱정하여 이 뜻을 석가세존에게 품고稟告하였던 바 신통위신력神通威神力으로 지옥을 순방하여 어머니의 소재를 알았으나 구출할 길을 찾지 못하고 있는 것을 다시 우리 세존께서 이 날을 택하여 항하恒河 강변에 많은 스님들을 청해 공양을 베풀고 재를 지내 청제 부인의 영혼을 이고득락하게 하였음은 물론 시방삼계의 일체애혼一切哀魂이 고륜苦輪을 벗어나 해탈이 되었다는 내용입니다.

이것이 우란분재의 내용이며 또한 연유입니다. 그리하여 오늘이 백종魄縱 또는 구도현救倒懸의 날로 정해진 것입니다.

이것 역시 하필 오늘이 아니라 어느 때라도 우리들은 항상 선망부모先亡父母와 일체영혼을 위해 재계齋戒와 정진과 발원을 게을리 해서는 안 될 것입니다.

4장 /

자비와 방생

자비慈悲의 의미

　불교에서 가장 소중히 생각하는 것은 자비사상이다. 이것은 불교의 기본이며 또한 부처의 씨앗이다. 널리 말하자면 불교뿐 아니라 이 세상 인류 생활에 있어 이것은 뿌리가 되며 줄기가 된다. 자비란 곧 사랑이라는 뜻이다. 사랑은 여러 가지로 분류할 수 있다.

　아버지의 사랑이 다르고 어머니의 사랑이 다르고 남편이 아내를 생각하는 사랑이 다르고 아내가 남편을 생각하는 사랑이 다르고 선생님이 생각하는 사랑, 제자가 선생님을 존경하는 사랑, 대통령이 국민에게 베푸는 사랑, 국민들이 지도자를 따르는 사랑, 친구끼리 서로 아끼고 위하는 사랑, 심지어 민족의 사랑, 국토의 사랑, 한없는 사랑들이 이 세상 속에 얽혀 있다.

　어쩌면 우리 생활 전부는 사랑이라는 것으로 이루어진 것이며 찬란한 인류문화사도 사랑을 빼 버리면 아마 삭막한 공포와 지옥처럼 어두운 세상으로 변해 버릴지도 모른다.

봄이면 꽃이 피는 것도 대자연의 섭리라는 사랑의 표현이며 가을이면 잎이 지는 것도 우주의 신비스러운 사랑의 작용이라는 것을 알아야 한다. 자연의 사랑과 인위人爲의 사랑이 넓고도 큰 이 우주를 거미줄처럼 얽어 놓았으며 그 속에서 우리들은 호흡하며 생활하고 있다는 것을 잠시라도 잊어서는 안 될 것이다.

한없이 간단없이 쏟아지는 사랑을 받으면서도 이것이 사랑이라는 것마저 모르고 살아가는 인간들은 진실로 우매하기 그지없다. 이것을 거역하는 인간이라든지 이 사랑의 광대무변한 고마움을 모르는 사람이라면 두말없이 우주의 섭리를 거역하는 것이며 사회의 보은감사를 망각한, 인간의 선善에 미달된 존재라고 볼 수밖에 없다.

어느 한 가정에 있어서도 가족 사이에 사랑이 끊어졌다면 그 가정은 망할 수밖에 없을 것이며 국가도 국민 전부가 서로 돕고 아끼고 존경하는 사랑이 메말라 있다면 그 국가도 반드시 멸망을 면할 수 없을 것이다. 때문에 사랑은 인류생활의 원동력이며 우주 구성의 대동맥이라는 것을 절감하지 않을 수 없다.

그런데 사랑에는 큰 사랑이 있고 작은 사랑이 있고 좁은 사랑이 있고 넓은 사랑이 있고 연緣이 있는 사랑이 있고 연緣이 없는 사랑이 있다. 기쁘고 성내고 슬프고 즐거움에 움직여지는 다시 말해, 감정에서 일어나는 사랑이라면 이것은 연緣이 있는 사랑일 것이며, 우주의 섭리라든지 부처님이 일체중생을 불쌍히 생각하는 것 같은 사랑은 연이 없는 사랑이라 할 수 있다.

연이 있는 사랑은 밉고 곱고 아름답고 추하고 멀고 가깝고 하는 취사선택에 의하여 일어나는 사랑을 뜻하며 연이 없는 사랑은 멀고 가까움이 없으며 곱고 미움이 없으며 크고 작음이 없으며 친하고 친하지 못함이 없는 일체평등의 사랑을 말하는 것이다.

우리들은 내 자식은 사랑하면서도 남의 자식은 사랑하지 않기 쉬우며 자신에게서 가까운 사람은 지극히 사랑하면서도 자신에게서 먼 사람에게는 사랑이 미치지 못하는 것을 흔히 볼 수 있다. 이것이 바로 중생의 사랑이다. 다시 말하자면, 사람의 생명은 무겁게 생각하고 짐승의 생명은 가볍게 생각한다든지 동물의 생명은 크게 보고 식물의 생명은 작게 본다든지 내 국토 내 민족 다른 민족 내 가족 남의 가족 이러한 차별적 견해, 이러한 것은 진실로 큰 사랑이라 할 수 없다. 일체의 유정무정有情無情을 동일하게 사랑하고 돕고 아끼고 즐거움을 줄 수 있는 한없이 넓고 한없이 큰 사랑을 일러 연緣이 없는 사랑이라 하는 것이다. 우리 부처님의 사랑은 이러한 연이 없는 사랑이기 때문에 이것을 대자대비라 한다.

『아육왕경』에 보면, 자慈란 중생에게 즐거움을 주는 것이며 비悲란 중생의 모든 고통을 덜어 주는 것이라 하였다. 또 자비慈悲

란 만행을 닦는 보살의 마음이라 일러놓았다.

불소행찬佛所行讚에 보면 불보살이 중생을 불쌍히 생각하는 마음, 곧 만인萬人에 대하여 똑같은 평등한 사랑을 말한 것이며, 사람에게뿐 아니라 생물, 무생물 할 것 없이 세상 위의 모든 것을 다같이 오직 사랑하는 일념으로 보는 것을 대자대비大慈大悲라 하였다.

『관음경』에 이런 말이 있다.

'慈眼視衆生자안시중생' 사랑이 가득한 눈으로 중생을 보신다는 뜻이다. 중생이란 말은 이 우주 안에 존재하고 있는 모든 생명체를 총칭한다. 불보살의 눈은 어느 한 가지에 대해 특별히 사랑을 쏟고 있는 게 아니라 이 우주 안에 존재하고 있는 유정무정有情無情을 똑같이 평등한 사랑으로 베풀고 있다는 말이다. 이러한 사랑을 가리켜 대자대비라 하는 것이다.

그리고 이와 반대 되는 사랑, 곧 어느 한쪽에 치우치고, 멀고 가깝고, 두텁고 엷은 차별이 있는 사랑이라면 이것은 중생들의 감정에서 움직여지는 소자소비小慈小悲라 보아야 할 것이다.

『법화경 안락행품安樂行品』에 보면 보살은 네 가지의 안락행을 닦는다고 하였는데, 첫째는 몸으로 착한 행을 한다고 하였다.

몸으로 착한 행을 닦는다는 것은 살생과 도둑질과 음탕한 짓을 하지 않는 것을 말한다. 살생이란 것은 생명을 존중히 생각하지 않고 남의 목숨을 함부로 빼앗는 것을 의미한다. 내 생명이 소중하다면 남의 생명도 소중한 줄 알아야 한다. 생명을 존중할 줄 모르는 것은 자비의 씨앗이 없다는 것과 같다.

그러므로 불교에서는 무엇보다 '살생하지 말라'를 기본자세로 강조하고 있다. 살생이란 넓게 생각한다면 동물이나 식물, 또는 광물에까지 해당되는 광범위한 것이다. 흔히 사람의 목숨은 중重하게 생각하고 하등 동물의 목숨은 가볍게 생각한다든지 풀이나 나무 같은 식물에 대해서는 그 생명의 가치를 낮게 평가하는 경향이 있다. 공연히 아름다운 산을 파괴한다든지 바위나 돌을 부수는 따위의 행동에 대해서도 엄밀히 따진다면 하나의 살생 행위이다.

옛날 어느 스님이 상좌 아이가 부주의하여 그릇 하나를 깨뜨렸을 때 그 스님께서는 "너 또 살생을 하였구나." 하였다. 무정물無情物이나 유정물有情物이나 할 것 없이 그가 지니고 있는 생명은 다 같기 때문이다.

물질에 대해서도 아끼고 소중하게 보호하지 않고 함부로 소홀히 다루는 거친 마음은 자비심이 없다는 증거이며 또한 살생이라고 보아도 조금도 지나친 생각이 아니다. 그뿐 아니라 몸으로써 직접 죽이지는 않는다고 하더라도 마음속으로 죽였으면 좋겠다 하는 생각을 가지기만 하여도 이것은 엄연한 살생이다.

항상 마음이 어질고 자비로우면 언제 어떤 곳에 처해 있더라도 그 마음이 편안하고 즐거우며 공포심이 없어지고 기쁘고 평온한 상태가 된다.

다음은 도둑질을 하지 말라이다.

도둑질이란 남의 물건을 훔치는 것을 말하는데 이것은 두말할 것도 없이 그 마음이 바르지 못한 데서 생겨나는 결과이다. 도둑질은 복덕福德의 씨앗이 끊어지는 것이라고 엄중히 말씀하셨다. 현실적으로 남의 물건을 훔치는 것은 당연히 도둑질이겠지만 남의 것을 탐하는 마음을 가지고 있다면 이 자체도 도둑질이라 보아야 한다.

불교에서는 탐·진·치, 이 세 가지를 독毒이라 하여 이것 때문에 성불하지 못하고 항상 육도六途를 순회하면서 한없는 고통을 받는다고 말씀하였다. 왜냐하면 탐심貪心이 끊어지면 도둑질이 있을 수 없기 때문이다.

다음은 사음邪淫을 경계하였다. 이것은 음탕하지 말라는 말이다.

음탕이란 말은 반드시 남녀 관계에만 국한되는 것이 아니라 모든 품행品行이 단정해야 됨을 의미한다. 몸짓과 말씨 하나하나, 걸음걸이 하나하나 모두가 단정하고 깨끗하게 하여 사치와 낭비와 문란이 없고 항상 안으로 보살의 마음을 가다듬고 밖으로는 봉사와 이타행利他行으로 정진하는 진실한 행동을 뜻한다.

인간이 가야 할 바른길을 찾지 못하고 허영과 사심邪心으로 인

해 계율이 흐리고 마음이 어지러운 것은 모두가 사음邪淫에 해당되는 것이다. 앞서 말한 살생과 도둑질과 사음, 이 세 가지는 몸으로 짓는 세 가지의 중대한 죄업이기 때문에 부처님께서는 무엇보다 가장 경계할 요목이라 하였다. 이러한 세 가지가 모두 청정하여 자비로우면 언제 어떤 곳에 있더라도 그 마음이 편안하고 즐거우며 공포심이 사라지고 기쁘고 평온한 상태가 된다.

둘째는 입으로 착한 행行을 닦아야 한다.

야운野雲 스님께서는 '口是禍門 必加嚴守구시화문 필가엄수'라 하였다. 입은 반드시 엄하게 지켜야 한다는 경구이다.

입을 함부로 놀리거나 조심하지 않으면 모든 화의 원인이 된다. '수구여병守口如甁'이란 말이 있다. 병에 간장이 들어 있든지 기름이 들었든지 언제든지 마개를 막아 두어야 하며 입 지키기를 병같이 하라는 뜻이다. 꼭 필요할 때만 마개를 열고 그렇지 않을 때는 항상 굳게 막아 두어야 한다. 이와 같이 입도 꼭 해야 할 말이 있을 때 조심스럽게 열어야 할 것이다.

입을 아무렇게나 함부로 열다보면 자신도 모르게 실수가 생겨 봉변을 당하게 되고 급기야 진실을 상실하게 되어 자신의 인격이 손상되기 쉽다. 입은 마음을 표시하는 창이기 때문에 입을 한 번 잘못 열게 되면 그 사람의 마음가짐과 교양, 인격, 지식, 상식 등 모든 내부를 공개하는 것과 같다.

우리 부처님께서는 입에 대하여 네 가지로 구분하고 이것을 특별히 조심하도록 엄하게 말씀하셨으며 일체의 죄악은 신구의 身口意로 인하여 지어진다고 해서 이것을 삼업三業이라 하였다.

입에 대한 네 가지란 양설兩舌, 악구惡口, 기어綺語, 망어妄語를 말한다.

양설兩舌이란 두 가지의 말이란 뜻인데 사람이 한 번 말을 내뱉으면 그 말은 결코 변동이 없어야 할 것이며 어디서 말을 하였든 끝까지 한 번 말한 그대로 관철되어야 한다. 이쪽에서 한 말이 다르고 또 저쪽에서 한 말이 달라 양쪽 사이에 불화가 조성되고 이간과 빈목이 일어나도록 하게 한다.

이는 바로 그 사람의 마음이 진실하지 못하고 정직하지 못하고 성실하지 못하다는 것을 뜻하는 것이므로 이러한 언동을 조심하라고 특별히 강조하였던 것이다.

악구惡口란 말을 품위 있고 순하고 부드러우며 고상하게 하지 못하고 오히려 천박하고 비열한 욕설을 아무렇게나 내뱉는 것을 뜻한다. 이것은 듣는 사람의 마음을 불쾌하게 할 뿐 아니라 보잘것없는 본인의 마음과 인격의 정도를 노출시키는 언행에 지나지 않는다. 그러므로 악구를 사용해서는 안된다고 말씀하였다.

다음은 기어綺語인데 말은 어디까지나 진실하여 마음과 말이 일치되어야 하는 데도 불구하고 겉으로는 고운말로써 그 사람을 위하는 것 같이 하면서도 속으로는 헐뜯고 비방하고 악한 생각을 품고 있는 것을 뜻한다.

또한 기어綺語란 비단 같은 말이란 뜻으로 겉으로는 비단 같이 고우면서도 속으로는 악독한 흉계를 품고 있는, 곧 이중인격二重人格을 의미한다. 이것 역시 진실성이 없는 교묘한 허위虛僞와 가면假面의 생활을 하고 있는 비인격자들의 극악한 행동에서 나오는 현상이다.

끝으로 망어妄語인데 말을 할 때 언제든지 속으로 깊이 생각하여 이 말을 해야 할 것인가 또는 하지 말아야 할 것인가를 충분히 생각한 다음 말을 해야 한다는 것이다. 그런데 깊이 생각하지 않고 그냥 입에서 나오는 대로 함부로 지껄이다 보면 해서는 안될 말까지 자신도 모르게 튀어나와 남에게 봉변을 당하게 된다. 심지어 사회와 국가에까지 영향을 미치게 되는 중대한 실수를 범하는 예가 허다하다.

이것이 모두 입을 조심하지 않아 일어나는 네 가지의 극악한 죄업의 원천이다. 그러므로 이 네 가지는 출가한 사람에게 가장 먼저 가르치는 주의사항이다. 입으로써 이 네 가지의 악업을 짓지 않도록 항상 부드럽고 진실하고 착하고 아름답게 생활한다면 그 사람은 언제나 마음이 편안하고 즐거우며 존경과 신봉의 대상이 될 수 있는 동시에 보살행을 닦고 있는 참다운 사람이라 할 수 있다.

　마지막으로 뜻으로 짓는 세 가지의 무거운 죄업을 단속하셨다.

　첫째가 탐심貪心이다. 이것은 헛된 욕심을 일컫는데 자기 분수와 정도正道 이외의 과다한 욕심을 부려서는 안 된다는 것이다. 야운野雲스님은 이렇게 경계하였다.

三途苦本因何起　只是多生貪愛情

삼도고본인하기　　지시다생탐애정

삼악도와 고통, 그 근본 원인이 무엇이랴
다생, 다겁, 탐심, 애정 이것이 그것일세.

　모든 죄업은 전부 탐심에서 일어난다. 탐심 하나 없어지면 천만 가지의 죄업이 모두 소멸된다. 인간이란 어리석어 눈으로 볼 수 없고 손으로 만져 볼 수 없는 진정한 나에 대해서는 관심을 전혀 갖지 않고, 오직 헛된 육신, 참 나가 아닌 허수아비에 대해서만 과도한 욕심을 부려, 도둑질을 하고 사음을 하고 욕설과 거짓말로 남을 속이고 모략과 중상으로 한평생을 살아간다. 그리하여 시커면 악업만 쌓이고 쌓여 해탈과 성불의 길은 점점 멀어지고 지옥, 아귀, 축생 이 삼악도에서 떠돌아다니는 것이 너무도 가엾고 딱하

지 않을 수가 없다.

다음은 진심嗔心을 물리쳐야 한다.

자비심이 지극한 사람은 결코 성을 내지 않는다. 아무리 많은 수행과 공덕을 쌓아올려 높은 경지에 도달하였다 하더라도 인내심이 부족하여 한 번 화를 내게되면 지금까지 쌓아올린 그 많은 공덕도 일시에 전부 무너지고 만다.

옛날 금강산에 돈도암이라는 절이 있었는데 홍도 스님이 오랫동안 수행과 정진을 쌓아 부처의 경지에 이르렀을 때, 몸에 병이 나서 혼자 마당에 자리를 깔고 누웠는데 갑자기 바람이 불어 깔고 있는 자리가 뒤집혔다. 홍도 스님은 그 순간 화를 참지 못해 "그 놈의 무슨 바람이 이렇게 분단 말이냐."하고 얼굴을 한 번 붉혔다. 홍도 스님은 이때문에 그만 실뱀이 되어 그 절 뜨락에 살고 있었다는 것이 지금부터 5~60년 전 일이었다.

진심을 낸다는 것, 곧 성을 낸다는 것은 이렇게도 무서운 결과를 가져온다. 항상 웃는 얼굴, 즐거운 표정, 자비가 충만한 태도, 남의 일을 보살펴 주고 도와 주고 아껴 주고 남의 괴로움을 내 괴로움처럼 생각하고 남을 위해 희생적으로 봉사할 수 있는 마음의 자세가 곧 보살의 자세이며 불자의 태도이다.

마지막으로 치심癡心을 제거시켜야 한다.

치심이란 것은 어리석다는 말이다. 옳고 그른 것을 바르게 분간하지 못하고 밝고 어두움을 똑바로 판단하지 못하고 사리를 구별하지 못하는 것을 어리석다고 한다. 다시 말해 슬기롭지 못한 것을 의미한다. 위에서도 말했지만 탐심, 진심, 치심 이 세 가지를 삼독이라 하는데 삼독 가운데서도 치심이 가장 무섭다.

그 까닭은 마음이 어리석어 사리를 옳게 분간하지 못하기 때문에 분수에 지나치는 헛된 욕심도 내게 되는 것이며 쓸데없이 화도 내는 등 갖가지 죄업이 생기게 되기 때문이다. 마음이 맑고 깨끗하여 아름다운 슬기가 충만되어 있고 자비가 가득하여 모든 중생을 평등하게 사랑할 수 있는 수행이 성취되어 있다면 결코 이러한 어둠은 있을 수 없을 것이다.

이상 대강 설명한 열 가지를 십선十善이라 한다. 몸에서 일어나는 세 가지의 죄와 입에서 일어나는 네 가지의 죄와 뜻에서 일어나는 세 가지의 죄를 마침내 끊게 될 때 열 가지의 착함이라 하여 부처님께서 매우 중요시하는 대목이다.

그리고 네 가지의 안락安樂행 가운데 몸의 안락, 입의 안락, 뜻의 안락은 대략 말했으니 마지막으로 서원안락행誓願安樂行이라는 것이 남아 있다. 이것은 하루빨리 무상정도無上正道를 성취하여 일체중생을 모두 제도하겠다는 맹세를 굳게 한다는 말이다. 이러한 정신이 있음으로 해서 불교는 독선적이 아니라 이타적利他的 종교이다.

불교의 최대 목적은 일체중생을 제도하는 데에 있다. 고통 속에서 헤어나지 못하고 사생육취四生六趣에 윤회하고 있는 불쌍한 중생들로 하여금 하루속히 불보살의 바른 법을 일러 주어 스스로 깨달음의 세계에 들어갈 수 있도록 하는 데 근본정신이 있다. 이 얼마나 거룩한 대자대비이며 이타겸선利他兼善의 원만무결한 정신이냐. 남의 괴로움을 덜어주는 데 참 기쁨이 있으며 어두운 곳을 환히 밝혀 주는 거기에 진정한 즐거움이 있다.

비근한 예이지만 배가 몹시 고픈 사람에게 밥 한 그릇을 주어 보라. 그 밥 한 그릇으로 허기가 면해지는 것을 볼 때 얼마나 기쁨을 느끼겠으며 즐거움을 맛볼 수 있겠는가? 병이 들어 누운 사람에게 약 한 첩을 먹여 보라. 병든 그 사람보다 내가 우선 더 기쁨을 가지게 될 것이다.

이러한 소자소비小慈小悲에도 즐거움을 느낄 수 있는 것인데 일체중생이 도탄에 빠져 고통과 신음 속에 헤매고 있는 것을 안락과 해탈의 세계로 인도하여 줄 때 불보살의 마음은 정말 얼마나 기쁠 것인가 말이다. 그러나 이 기쁨이란 우리 중생들이 희노애락의 감정에서 우러나오는 그러한 기쁨은 결코 아니다.

다시 말해 무연대비無緣大悲에서 일어나는 법열法悅이며 또한 향기일 것이다. 불보살은 이러한 안락 속에서 항상 살고 있으며 중생을 제도하고 있다. 이 네 가지의 안락행을 수행의 요목으로 정하고 십선十善의 정진법을 우리에게 가르치고 있는 대자대비를 일시라도 망각해서는 안 된다.

하지만 십선을 부처님의 말씀대로 충실하게 제대로 실행한다면 십선이 되는 것이지만 실행하지 못할 때는 십악十惡이 된다는 사실을 명심해야 한다. 십악을 끊으면 십선이 되는 것이며 십선을 실행하지 못한다면 십악이 된다는 그 말이다. 뒤집으면 선으로 화하고 못 뒤집으면 악이 된다. 모든 것은 마음 한 번 가지기에 달려 있다. 그러한 뜻에서 '중생성불찰나중衆生成佛刹那中' 이라 하였는지도 모르겠다. 중생이 부처되는 그것이 오랜 시일이 필요한 게 아니라 마음 한 번 순간 뒤집으면 그 자리가 곧 부처라는 말이다.

『법원주림法苑珠林』이란 책에 보면 진심이 많은 중생에게는 자비관을 하라고 일러 놓았다. 성내는 사람에게는 항상 자비심을 가지라는 뜻이다. 마음속에 언제든지 사랑을 간직하고 불쌍히 생각할 줄 아는 사람이라면 도저히 성을 낼 수가 없을 것이다.

또 천태天台라는 유명한 큰스님은 자慈는 아버지의 마음에 견주었고 비悲는 어머니의 마음에 부합시켜 놓았다. 아버지는 자식들에게 기쁨을 주기 위해 온갖 노력을 기울이며, 어머니는 자식들의 괴로움을 덜어 주기 위해 자신의 희생을 달게 받고 있다. 여기에서 우리들은 다시 한번 아버지와 어머니의 한없는 자비를 생각해야 될 것이다.

근래에 와서 망측한 외래풍조에 잘못 물이 든 젊은 층에서 부모의 깊은 은혜와 자비를 깨닫지 못하고 저희들 스스로가 하늘에서 그냥 떨어진 것처럼 생각하여 늙은 부모를 괄시하고 부모의 가르침을 도외시하는 망국적인 풍조가 보이는 것은 참으로 개탄하지 않을 수 없다.

『부모은중경父母恩重經』이나 『효자경孝子經』 같은 것을 읽어 보라. 부모의 은혜가 얼마나 크고 깊다는 것을 대강이라도 알 수가 있을 것이다. 어느 책에서 이런 글을 읽은 기억이 있다.

나이 칠십이 넘어 아버지가 병이 들어 임종이 임박했을 때 사십이 넘은 아들이 그 곁에서 간호를 하는데 아버지가 곧 숨이 넘어갈 지경에 이르러 겨우 눈짓으로 물이 먹고 싶다고 하였다. 그때는 캄캄한 밤이었다. 아들이 그릇을 들고 마당에 있는 우물에 물을 뜨러 가려고 하자 그 죽어가던 아버지는 아들의 손을 잡으면서 우물이 위험한데 물을 뜨다가 실족이라도 하면 어쩌나 하고 걱정하면서 조심하라고 몇 번이고 몇 번이고 당부를 하더라는 것이다. 사십이 넘은 아들이지만 아버지의 눈에는 어린애같이 보였던 것이다. 자기에게 금세 닥쳐오는 임종의 절박함도 잊어버리고 아들을 걱정하는 그 아버지의 마음, 이것이 세상에 있는 모든 부모들의 마음이다.

부모의 마음은 아무런 조건이 붙지 않는다. 내가 자식에게 은

혜를 베풀었으니 자식들도 당연히 보상할 것이라는 바람도 없으며 어릴 때 저희들을 젖 먹여 길렀고 더러운 것을 씻어 주었고 맑고 깨끗한 자리를 골라 뉘었으며 맛있는 것은 토해서라도 자식에게 먹여 키웠으니 늙은 다음에는 자식들의 부양을 기대하고 있었던 것은 더구나 아니다. 그저 무한한 자비를 쏟았을 뿐이다.

이러한 부모의 크고 깊은 은혜를 우리들은 일시라도 잊어서는 안된다. 부모에게 효도하고 부모의 광대한 은혜를 아는 그것이야말로 바로 부처님의 길과 통한다는 것을 절감해야 한다.

불교는 인격을 고도로 완성시키는 것이기 때문에 인격이 완성된 사람은 반드시 부모의 높은 은혜를 만분의 일이라도 갚으려 애써야 한다. 이것이 곧 부처님의 사상이며 보살의 행원과 부합되는 것이다.

부모의 은혜를 모르는 사람은 아무리 수행이 놀랍고 정진이 뛰어나다고 하더라도 결코 보살도에 가까울 수 없으며 해탈의 길에 들어설 수도 없다. 부모의 은혜와 자비를 모르는 사람이 어찌 불보살의 은혜와 광대무변한 자비를 알 수 있겠는가 말이다. 자비와 은혜를 모르는 사람은 포악무도한 하등동물에 지나지 않으며 허울 좋은 인간의 가면을 쓰고 있는 사이비 인간이라 하지 않을 수 없다.

불교에서는 자비가 생명이다. 그리고 인간에게도 자비가 생명이다.

『법화경 제바품』에 보면 사무량심四無量心을 말해 놓았다.

'자비희사慈悲喜捨'의 네 가지가 곧 '사무량심四無量心'이다. 자慈란 앞에서도 말한 바와 같이 중생에게 즐거움을 주는 일이며 비悲란 중생의 고통을 제거시켜 주는 것이다. 그리고 희喜란 남이 기뻐하는 것을 보고 같이 기뻐할 줄 아는 것이며, 사捨란 멀고 가깝고 친하고 친하지 않은 것이 없이 누구에게라도 평등한 상태를 말한다. 말이 쉬워 그렇지 내 한 몸도 내 마음대로 할 수가 없어 어떤 때는 화가 나기도 하고 분에 넘치는 욕심을 내기도 하고 말을 함부로 하기도 하고 갖은 죄업을 짓고 있는 현실에서 항상 남을 기쁘게 한다는 것은 진실로 어려운 일이 아닐 수 없다.

더구나 내 고통도 해결하지 못해 허덕이고 있는 판국인데 어느 여가에 남의 고통을 덜어 줄 수 있겠는가 하는 것은 참으로 중대한 문제이다. 뿐만 아니라 속담에 사촌이 논을 사면 배가 아프다는 말이 있는 요즈음 세상에서 남이 기뻐하는 것을 보고 같이 기뻐할 줄 아는 것도 쉬운 일이 아니며 내 자식, 내 친척, 내 친구, 내 민족 이러한 차별적 사상과 원근친소遠近親疎의 개념을 떠나 평등, 무차별한 마음으로 남을 대한다는 것도 거의 불가능에 가까운 일이 아닐 수 없다.

물론, 중생의 마음으로서는 당연히 있을 수 있는 일들이다. 이러한 차별심이 있기 때문에 이를 중생이라 하며 또한 오랜 세월동안 고통의 세계를 벗어나지 못하는 원인이 된다.

『화엄경』에 보면 아주비구鴉珠比丘라는 스님과 초계비구草繫比丘라는 스님이 있었다고 한다. 어느날 아주비구는 법복을 입고 탁발하러 어느 집에 들어갔다. 그 집은 유리로 구슬을 만드는 집이었다. 아름다운 구슬을 만들어 마당에 넣어 두었는데 스님이 입은 붉은 가사가 구슬에 비쳐 구슬이 붉게 된 것을, 집에서 기르던 오리가 고기 덩어리인 줄 알고 집어삼켰던 것이다. 주인은 스님의 탁발에는 전혀 관심이 없고 오직 구슬에만 집착되어 낱낱이 헤아려 한 개가 모자라는 것을 발견하고는 스님을 도둑으로 몰아 구타와 봉변을 무수하게 가했다. 그러나 스님은 오리가 집어삼켰다는 말을 끝까지 하지 않았다.

만일 오리가 구슬을 삼켰다는 말을 했다가는 그 포악한 주인이 당장 오리를 죽일 것이 너무도 분명하기 때문에 생명을 보호하기 위해 스스로 도둑의 누명을 쓰고 구타와 봉변까지 달게 받은 것이다.

초계草繫 스님은 어느 깊은 산길을 걸어 행각行脚을 하던 중 갑자기 도둑떼가 나타나 스님의 소지품을 빼앗은 다음, 숲속에 끌고 들어가 풀을 가지고 꽁꽁 묶어 놓고 가 버렸다. 스님은 힘을 써서 일어나 가도 될 것이지만 그렇게 되면 풀이 끊어져 상할 것을 걱정하여 묶인 그대로 며칠을 지내다가 행인을 만나 곱게 풀을 풀고 갔다. 이러한 것을 일러 자비라 한다.

또 『화엄경 보현행원품』에 보면 보현보살의 열 가지 원력 가운데 수희공덕隨喜功德이란 말이 나온다. 보현보살은 자비의 대명사이다. 「화엄경」에서는 보현행원품이 가장 절정을 이루고 있으며 그 열 가지 큰 원력 가운데에서도 이것이 백미白眉가 아닐 수 없다.

우리들은 육신이라는 이 거짓 나에게 사로잡혀 좁은 아상我相을 고집하고 모든 것을 나라는 여기에 중심을 두어 함부로 남을 부시하고 헐뜯고 남이 잘못되기를 바라고 헛된 명예를 욕심내고 시기와 질투 속에서 어둡고 어리석은 생활을 계속하고 있는 것이지만 보현보살은 일체중생을 기쁘게 해 줄 뿐 아니라 중생들이 기뻐하는 그것을 같이 기뻐할 줄 아는 커다란 자비심을 가졌다.

불교의 수행목적은 보현보살과 같은 대자대비가 흔들리지 않는 바탕이 되도록 하는 데 그 참뜻이 있다. 자비가 바탕이 되지 않고서는 육도六度를 성취할 수 없으며 일체의 수행과 정진이 성취될 수 없다. 자비가 충만하지 않은 사람이 어찌 보시布施행을 닦을 수 있으며 지계持戒와 인욕忍辱이 이루어질 수 있겠는가 말이다.

벌써 사십여 년 전이다. 우리나라 시인이며 또한 무주상행無住

相行의 일인자라 볼 수 있는 공초空超 오상순吳相淳이 대구에서 살고 있을 때의 일이다. 한여름 복중伏中에 한 번 찾아갔더니 게 딱지 같은 초가집 컴컴한 작은 방에 아래위 할 것 없이 홀딱 벗고 앉아 있었다. 깜짝 놀라 그 연유를 물었더니 집에서 키우고 있던 고양이가 삼 일 전에 죽었기에 오늘 공동묘지에 장사를 지내주고 오는 길인데 또 친구가 서울까지 가야 할 터인데도 여비가 없다고 걱정하기에 단 한 벌밖에 없는 입고 있던 옷을 벗어 저당 잡혀 그 돈을 친구에게 주었다는 것이다. 그러고 자기는 몸을 가릴만한 옷이 없어 벗고 방에 들어앉아 있었다. 일이 이쯤 되고 보면 그의 자비를 대강 짐작할 수 있을 것이다.

집에 있던 고양이가 죽었다고 해서 꽃상여를 만들어 공동묘지까지 가서 장사를 지내주고 자기가 입고 있던 단 한 벌의 옷을 벗어 저당 잡혀 친구의 여비를 만들어 주었다는 것은 얼핏 생각할 때 비정상적인 사람이라고 생각하지 않을 수 없다. 하지만 우리 속담에 '눈 하나 가진 사람들이 살고 있는 나라에 가면 눈 둘을 가진 사람을 병신' 이라 하는 것과 별반 다르지 않을 것이다. 고양이도 불교적 관점에서 보면 다 같은 중생이요 존엄한 생명을 가진 동물이다. 사람이 죽으면 장사를 성대하게 지내고 고양이가 죽으면 그냥 들판에 갖다버리는 것은 결코 옳은 일이 아니기 때문이다.

'脫衣人 地號地藏 탈의인 지호지장' 이란 말이 있다.

지장보살도 과거 인행 당시 입은 옷을 벗어 남에게 주고 자기는 땅을 파고 그 속에 들어앉아 몸을 감추었다고 해서 지장地藏보살이라 한다. 공초는 파고 들어갈 만한 땅이 없었던 것이 유감스러운 일인지 모르지만 컴컴한 방안이 결코 땅속보다 조금 좋은 곳이라고 하기에는 너무도 인색한 생각이 들지 않을 수 없었다.

공초의 눈에는 사람과 동물의 차별상이 끊어졌으며 원근遠近과 친소親疎의 구분이 없었던 것이다. 오직 맑고 깨끗한 자비만이 충만할 뿐이었다.

달마스님은 이렇게 말씀하셨다. "'생하지 말라는 말은 죽이지 말라 하기 때문에 죽이지 않는 것이 아니라 죽여라 하여도 죽이지 못하는 인간성의 자각이 있어야 한다는 것"을 강조하셨으며 또 "이 세상에 자기 소유를 주장할 수 있는 것은 아무것도 없다는 것을 자각하는 것이 곧 도둑질을 하지 않는 것"이라고 하셨다. 그리고 "우주 전체가 청정법신의 진체眞體이며 중생과 부처가 둘이 아니라는 이치를 투철히 깨달아 무량수無量壽, 무량광無量光의 세계를 지향하는 밝은 슬기를 얻는 그 날이 바로 불사음不邪淫의 경지로 들어가는 것"이라고 말씀하셨다. 이것 역시 자비가 주춧돌이 된 토대 위에서만이 이루어질 수 있는 과업이란 것을 확실히 명심해야 할 것이다.

위에서도 몇 번이고 되풀이 하였지만 부처님의 대자대비란 것은 아무런 사심 없이 일체중생에게 평등, 무차별한 것을 의미한다. 태양 광선이 사람에게는 더 비추고 풀이나 나무에게는 덜 비추는 것이 아니며 소에게는 더 비추고 개미에게는 덜 비추는 것이 결코 아니다. 똑같은 광선을 받고 있으면서도 어느 것은 무겁고 어느 것은 엷은 줄 생각하는 이것이 중생의 망견이며 또한 아상에 사로잡힌 어리석은 행동인 것이다.

부처님의 대자대비라는 것은 우리 인간들의 기분이나 감정 따위에 의해 움직여지는 밉다, 곱다, 착하다, 악하다 하는 사념思念과 사고思考에서 일어나는 게 아니라 우주의 대생명이며 법신진여法身眞如에서 비추어지는 대광명이다. 그러므로 여기에 근본적인 기초가 확립되지 않고서는 대자대비의 광대무변한 은혜를 입고 있으면서도 중생들은 이것을 모르고 지내고 있다.

하루 생활에 있어 세 끼의 밥을 먹는 것도 부처님의 대자대비이며 옷을 입고 있는 것이라든지, 강이 흐르고 곡식이 자라고, 꽃이 피고, 잎이 푸르고, 구름이 흐르고, 달이 밝고, 태양빛이 밝아지고, 별이 빛나고, 가족끼리 사랑하고, 나라를 위하고, 서로 돕고 아끼고, 남에게 봉사하고 또 남이 나에게 봉사하는 이러한 것들이 부처님의 대자대비이다. 그런데도 불구하고 대자대비란 별도의 것이라고 생각하는 사람들이 있다면 이는 불교를 한참 모르는 어리석은 사람들이다.

부처님의 대자대비가 이러한 것들 이외에 따로 있는 줄 알아서는 안 된다는 말이다. 그러므로 부처란 법당에 있는 것도 아니며 탁자 위에 있는 것도 아니며 금불金佛도 아니며 목불木佛도 아니며 니불泥佛도 아닌 것이다. 작은 것이나 큰 것이나 할 것 없이 우주 전체 곧 두두물물頭頭物物이 부처 아닌 것이라고는 하나도 없다.

여름날 더울 때 길가의 시원한 가로수 그늘 그것도 부처이며 산에서 흐르고 있는 맑은 시냇물 그것 또한 관세음보살의 가로수라는 것을 확실히 알아야 한다. 가로수 한 그루의 은혜에 대해 예배 공양하는 것이나 흐르는 냇물에 대해 예배 공양하는 것, 탁자 위에 모셔 놓은 불상에 대해 예배 공양하는 것도 부처님에게 예배 공양하는 것과 다름이 없다는 이치를 명확히 알아야 한다.

이 깊은 뜻을 체득하는 것이 바로 부처님의 대자대비를 옳게 이해하는 것이다. 부처님이 끊임없이 쏟고 있는 대자대비를 마시고 먹고 입고 살면서도 이것이 부처님의 대자대비인줄 모르고 있는 가엾은 중생들이라는 것을 자각하는 그 시각에 비로소 발심이 있으며 보은과 감사의 생활이 이루어질 것이다.

방생放生의 자세

방생放生이란 말은 불교에서만 볼 수 있는 특별한 말이다. 생명을 놓아준다는 뜻이다. 고통의 세계에 갇혀 있는 생명을 고통이 없는 자유스러운 세계에 갈 수 있도록 해방시켜 준다는 의미이다. 죽게 되어 있는 목숨을 살려주는 것이기 때문에 방생放生이라 한다. 생명의 해방이란 뜻이다.

세상에서 무엇보다 제일 소중하고 존귀한 것은 생명이다. 생명이란 우주와 통할 수 있는 하나의 길이요, 또한 창문이며 부처라 보아도 결코 손색이 없을 만큼 신성 존엄한 것이다. 여기에 고통이 있고 슬픔이 있고, 괴로움이 있는 것을 풀어주고 놓아주어 자유의 경지를 얻도록 하여 주는 것이 방생이다.

불교에서 방생에 대한 말씀이 처음 보이기는 『금광명경 유수장자자품』과 『불설관정칠만천신왕 호비구주경』이라는 두 경전에 적혀 있는 것이 시초인 것 같다. 『금광명경』에는 이러한 내용이 쓰여져 있다.

　부처님께서 수신樹神에게 말씀하시되 유수장자라는 사람에게는 아들이 둘 있었는데 한 사람은 수공手空이요 한 사람은 수장水藏이라 하였다. 어느 날 장자는 두 아들을 데리고 성중城中을 돌아다니다가 어느 큰 못가에 이르렀는데 호랑이와 개와 여러 짐승들이 떼를 지어 달리고 있었다. 장자는 하도 신기해 그 짐승들을 따라갔다. 큰 못가에 이르러 자세히 보니 못에 물이 말라 많은 물고기들이 한없는 고통을 받고 있는 것을 보게 되었다. 그것을 본 장자는 두 명의 아들과 함께 가지고 있던 주머니와 그릇을 가지고 물을 길어 마른 못에 퍼부으며 먹을 것을 구해 넣어 주었다. 그 공덕으로 십천천자十千天子로 환생하였다는 이야기이다.

　그리고 『관정경』에는 이런 말이 적혀 있다. 어느 때 부처님께서 나사열지라는 곳에서 비구들과 같이 보리산중 천제석실에 가셨는데 그때 그곳에 있던 무수한 비구들이 서로 달리고 불안한 자세로 몸을 흔들면서 잠시도 조용하지 못하는 것이 마치 그물 속에 들어 있는 고기 떼와 같았다. 이러한 모양을 보신 부처님께서는 '너희들은 근심하지 말고 내가 설하는 관정장구를 자세히 들어 보라. 너희들은 과거에 어족魚族들로서 금생에 사람의 몸을 받아 났으며 아직도 전생의 습기가 그대로 남아 몸의 안정을 얻지 못하는 것이니 내 이제 관정장구를 설하여 그물에 걸린 고기들의 생명을 구제하는 그 공덕이 한량없다는 것을 알도록 하리라' 하셨던 것이다.

이것이 방생에 대한 최초의 논거이며 또한 부처님의 말씀을 그대로 설하는 경전의 내용이다. 경전에 확실한 유래가 있든지 없든지 간에 남의 존귀한 생명을 해방시키고 그의 고통을 덜어주는 일은 커다란 공덕이 아닐 수 없다. 이러한 경전의 말씀이 밑바탕이 되어 불가에서는 예전부터 물고기 방생이 성행한 것이라 생각된다. 그런데 이러한 방생에 대해 물론 표면상으로 볼 때 좋은 일이며 그 공덕이 한량없을 것이라 생각하겠지만 속으로 깊이 생각할 적에는 허다한 문제점을 가지고 있다는 것을 깨달아야 할 것이다. 방생을 하는 데 있어서는 그 태도와 자세를 어떻게 가져야 할 것인가 하는 것도 충분히 고려하지 않으면 안 된다.

방생이라 하면 의례히 물고기로 생각하는 것이 통례로 되어 있다. 생명은 미꾸라지나 붕어, 자라 등만 가지고 있는 것은 결코 아니다. 개미, 파리, 모기, 소, 개, 말 등의 허다한 동물 전부가 생명을 사람과 똑같이 가지고 있는 것이며 풀, 나무 등도 마찬가지이다.

그런데 왜 하필이면 방생에는 물고기가 으레 우선적으로 등장하게 되느냐 하는 것도 문제이다. 예를 들면 입으로는 쇠고기를 씹으면서 손으로는 미꾸라지를 물에 넣어 준다고 해서 그것이 옳은 방생이 될 것인지, 방생하러 가다가 허리가 아프다고 산에 있는 나무를 베어 지팡이를 만들었다면 그 방생의 본뜻은 어디로 갔는지 알 수가 없는 것이다. 뿐만 아니라 우리들이 진정한 의미에서 방생을 할 수 있는 자격을 갖추었느냐 못 갖추었느냐 하는 것도 한번 깊이 생각해 보아야 한다.

『도서都序』라는 책에 보면 '自未解脫 欲解他縛자미해탈 욕해타박'이란 말이 있다. 내 몸도 꽁꽁 묶여 있는 처지에 남의 얽힌 것은 풀어보겠다고 하는 것과 같다는 말이다. 진실한 의미에서 방생이란 다만 육신적인 생명을 일시적으로 해방시키고 연장시켜 주는 것은 물론 유루有漏적 공덕이어야 된다고 볼 수 있겠지만 방생의 참뜻이란 일시적인 생명의 연장이거나 일시적인 고통 해방에 있는 게 아니라 그로 하여금 영원의 생명을 얻도록 하는 데 있으며 또한 중생의 껍질을 벗어나 해탈의 날을 얻도록 하는 데 있다.

이런 이야기가 있다. 어느 사람이 소를 보고 '보리심을 발하라' 하였더니 소가 가만히 듣고 난 다음 하는 말이 '너는!' 하더라는 것이다. 이 말은 소가 말을 할 수도 없는 것이겠지만 자신이 보리심을 확실히 발하지도 못한 처지에 소에게 보리심을 발하라고 하는 말이 너무도 가소로운 일이라는 것을 비웃는 커다란 경책警策이 아닐 수 없다.

불교에서는 무엇보다 제일 소중한 것이 법력法力이다. 법력이라는 것은 오욕과 삼독이 끊어지고 오랜 정진과 수행에서 이루어진 인격의 향기를 의미한다. 불교의 종극終極은 이것이 성취되기를 지향하는 거기에 있다. 그렇기 때문에 법력으로 관조하는 수양의 힘이 없다면 모든 것이 절대로 이루어질 수가 없다. 방생을 할 때 법력이 갖추어지지 못한 사람이 다만 형식적으로 산목숨을 놓아 주었다고 할 때 육신의 생명을 일시적으로 연장시키는 결과는 될지 모르겠으나 진정한 뜻에서 방생은 결코 되지 않는다. 다만 일시적 생명연장으로는 도저히 만족할 수 있는 방생은 될 수가 없다. 그서 방생을 하면 그 공덕이 크다더라 하는 극히 피상적인 생각으로 해서는 절대로 옳은 방생이 될 수 없다. 또한 방생에는 의례히 물고기에 한한다는 그릇된 관념도 깨끗이 시정되어야 할 것이며, 내 자신이 능히 방생을 할 수 있는 법력을 갖추었느냐 하는 것을 반성하는 동시에 내 자신이 진정한 방생이 되어 있는가 하는 것도 살펴보아야 한다.

이웃집에서는 쌀이 없어 저녁을 굶고 있으며 돈이 없어 아이들이 학교를 가지 못하는 데도 아랑곳없이 물고기를 사 가지고 방생을 한다면 과연 그 공덕이 클 것인가 하는 것도 한번 생각해 보아야 할 것이다. 절 들어가는 입구에 당장 생명이 위독한 병든 걸인이 앉아 있는 데에도 그것은 본체만체하고 방생동참에는 많은 돈을 내는 그러한 방생이 과연 옳은 방생인가 말이다. 다시 말해 곁에 있는 인간의 고통은 모르면서 물고기의 생명만 일시 연장시키는 것으로 만족스러운 방생이라 생각하는 따위의 방생이라면 아무리 생각해도 그다지 좋은 수긍이 절대로 되지 않는 것을 어찌해야 옳단 말인가.

생명을 해방시킨다는 것은 겉으로 나타나는 물질적인 면에 중대한 의의가 있는 게 아니라 속에 들어 있는 정신적인 면에 그 비중을 보다 무겁게 두어야 한다는 말이다. 즉 육신적인 해방이 문제가 아니라 정신적인 해방이 진실한 방생이라는 것을 확실히 알아야 한다는 뜻이다.

정신적인 방생은 되어 있지 않으면서 다만 지극히 형식적인 방생에만 치중한다는 것은 극단적으로 말할 때 아무런 공덕도 될 수 없다는 이치를 깨달아야 한다. 미꾸라지 몇 마리, 붕어 새끼 몇 마리를 사 가지고 물에 넣어 주었으니 나는 염라대왕과 상관이 없게 된 것은 물론이요 다음 세상에는 이 거룩한 공덕으로 인하여 반드시 해탈의 길을 얻게 될 것이라고 생각해서는 참으로 이만저만한 착각이 아닐 수 없다. 쌀 한 되를 남에게 빌려주고 한 섬을 받겠다고 생각한다면 이것은 과대망상이다. 산에 올라가더라도 길을 바로 찾아야만 한다. 길을 바로 찾지 못하면 죽도록 헛고생만 하게 되는 것과 같은 이치이다.

불교의 길은 너무도 여러 갈래가 있기 때문에 길을 바로 찾기가 매우 어렵다. 자기 마음에는 옳은 길 같이 생각되지만 옳은 길이 못 되는 경우가 많다. 만일 옳은 길이 못 될 경우에는 두말할 것도 없이 미신에 빠지고 만다. 그러므로 어렵기 그지없지만 만일 옳게 길을 찾기만 한다면 한 걸음도 옮기지 않고 그대로 성불의 경지에 들어가게 되는 것이다.

그러므로 경에 말하기를 보시공덕을 많이 지으면 삼아승지겁三阿僧祗劫을 지나 마땅히 성불하지만 인과불이因果不二의 법칙을 깨달으면 즉시 성불을 할 수 있다고 말하였다. 또 『도서都序』에 보면 '終目數他寶 自無半錢分종목수타보 자무반전분' 이란 말이 있다. 하루종일 남의 돈을 헤아리다 보니 자기 돈은 한 푼도 없다는 말이다. 방생도 부지런히 덮어놓고 하기만 하면 좋은 것으로 생각하지만 그 내용에 있어 깊은 정진이 들어 있고 깊은 뜻이 들어 있는 방생이 아니라면 아무런 의미가 있을 수 없다는 말이다.

방생여상 放生餘想

　불살생不殺生이란 죽이지 말라 하기 때문에 죽이지 않는 게 아니라 죽여라 하여도 죽이지 못하는 인간성의 자각이 있어야 한다고 달마대사가 말하였다. 불살생不殺生과 방생은 어쩌면 거의 같은 뜻인지도 모르겠다. 또한 매우 가까운 거리인지도 모르겠다. 다만 불살생을 소극적이라 한다면 방생은 적극적이라고나 해두는 것이 무방한 표현이다.

　그렇게 본다면 마음이 자비로워 악의가 없고 일체의 생명에 대해 존중하는 자세를 가질 줄 안다면 그것은 훌륭한 방생이라고 보는 것이 옳을 것 같다.

　마음속에서 탐진치 삼독이 와글와글 끓고 있으면서 손으로는 미꾸라지를 물에 넣어 주는 것도 방생인 것이 틀림없겠지만 투자에는 반드시 이윤을 바라보는 것이 원칙이겠는데 여기에 대한 이

윤이 과연 있을지 매우 의심스럽지 않을 수가 없다. 불교에서는 이 윤이라고 한다면 극락에 왕생하는 것과 해탈 열반 내지 성불이라는 막대한 이윤을 바라보는 것인데 방생하는 기본자세가 갖추어지지 않고 물질적인 돈 몇 푼으로 미꾸라지 값을 치루었다고 해서 그 큰 이윤이 정말 닥쳐올지 걱정스럽지 않을 수 없다.

극락과 해탈과 성불은 결코 돈으로써 살 수 없는 극존극귀한 지위라는 것을 알아야 한다. 거기는 내면적인 수행과 법력이 구비되고 물질적인 외형적 행동이 갖추어져야만 비로소 투자에 대한 이윤이 오게 되는 것이다. 불교의 모든 의식은 우선 정신적인 수행에서 우러나오는 일체의 행동이 아니고서는 도저히 공덕의 높은 지경과는 절대로 통할 수 없다는 것을 새삼 명심해야 한다.

방생이란 수행이 원만하게 성숙되고 자비가 충만한 경지에서 자연스럽게 일어나는 법력의 여광餘光인 것이다. 결코 인위적으로 일시적 선심을 조작하여 허위와 내실없는 행동이 참다운 방생이 될 수는 결코 없다. 그보다는 차라리 매일같이 신문에 보도되고 있는 불우 이웃돕기운동에 솔선 참여하는 사람들이나 위험한 교통사고를 예방하고 있는 경찰, 모범운전자들이 얼마나 거룩한 방생을 하고 있는가 말이다.

가까운 내 자식, 내 친척, 내 부모, 내 민족이라는 좁은 범위의 선을 훨씬 넘어 일체중생을 도탄의 고해에서 건져야 하겠다는 장하고도 거룩한 염원이 항상 가슴속에 충만되어 있었다고 한다면 그 사람은 참으로 방생 작업을 하고 있는 것이라 할 수 있다.

진정한 의미의 방생이란 그런 것이다.

붕어 새끼나 미꾸라지들을 모아 놓고 내생에 가서는 이 몸을 벗고 보리심을 발하여 극락세계에 왕생하라고 합장하고 염불할 때 무슨 재주와 신통으로 고기들과 대화가 될 수 있을 것이며 뜻이 전달될 수 있을 것인가. 여기에는 목소리가 높다고 해서 들리지도 않을 것이며 염불을 잘한다고 해서 들리지도 않을 것이다. 다만 그 염불 속에 들어있는 법력法力이 어느 정도인가 하는 그것으로 판가름이 된다.

방생은 결코 쉬운 일이 아니다. 부처님에게 불공을 드리는 것이나 기도를 하는 것과 같다. 염불을 하는 것이나 경을 외우는 것이나 주력을 하는 것이나 똑같다. 불교의 목적은 천 가지, 만 가지라도 그 필경에 돌아가는 곳은 하나뿐이다. 무슨 방법이든지 간에 결국은 마음에 묻어 있는 때를 벗기고 부처가 되자는 그것 이외에는 다른 것이 없다.

우리들은 좀 더 눈을 크게 뜨고 어떤 것이 참된 방생이 되는 길이겠는가 하는 것을 생각해 보아야 한다. 좁은 상에 사로잡히고 가면과 허식에 사로잡혀 참된 방생의 뜻을 모르고 공연히 피상적인 외형에만 집착해서는 도저히 부처님의 밝은 광명을 바로 볼 수 없다. 부처님이나 보살은 방생 그것이 일과이다. 방생을 제외하고는 부처나 보살은 할 일이 없다. 일체중생을 고통의 세계에서 건져 내는 그것이야말로 불보살이 하는 일이다. 마치 그물에 걸려 죽게 되는 미꾸라지를 물에 놓아 주는 것처럼 말이다.

방생의 혜택은 왜 하필이면 물고기에게만 치중되는 것인지 그 이유를 알 수가 없다. 소, 말, 모기, 개미, 풀, 나무들의 생명에 대해서는 크게 관심을 가지지 않는 그 이유도 나는 분명히 알 수가 없다. 그뿐 아니라 사람과 사람 사이에 기쁨으로 대하고 웃음으로 대하여 평화로운 아름다움을 항상 베풀어 주는 그것도 커다란 방생이란 것을 잊어서는 안 될 것이며 남의 어려움을 도와주고 보살펴 주고 남의 기쁜 일을 같이 기뻐할 줄 아는 보현보살의 마음씨를 닮아가는 것도 훌륭한 방생이라는 것을 분명히 알아야 한다.

아무렇게나 하는 방생에는 그 마음의 자세에 있어 무연대비無緣大悲가 충만하지 않고서는 커다란 성과를 바라보기 어려운 불사이며 정진이며 기도라는 것을 명심해야 한다.

금오선사金烏禪師 방생법어

우리나라 근세에 금오 스님이라는 큰스님이 계셨다.

1896년 전남 강진에서 출생하시고, 1968년 속리산 법주사에서 열반하셨으며, 일생을 주로 선禪에만 몰두하시어 명안종사明眼宗師로 인천人天의 안목을 열어 주신 큰스님이셨다. 일찍 방생에 대한 법어를 현대적으로 진술하신 원문을 여기 소개한다.

고기야, 고기야 본래는 너나 나나 똑같은 마음이거늘 너는 무슨 업력業力으로 고기가 되었으며 나는 무슨 업력으로 사람이 되었는가. 너의 마음과 나의 마음이 한가지로 역역繹繹한 마음일진대 어떻게 하다 죄업罪業과 선업善業으로 이렇게까지 갈라져야만 하였느냐.

생각하건대 너는 고기가 되었으나 마음만은 나와 같은 줄 알고 네가 오늘날 고기가 되어 사람의 손에 잡혀 죽게 됨을 불쌍히 여겨 부처님을 믿는 사부대중四部大衆이 뜻을 모아 너를 사서 큰 강에 살려 주노니 이러한 인연으로 보리심을 내어라. 혹 죽더라도 사람으로 태어나 우리와 같이 불법을 믿어 부처님의 큰뜻을 깨달아 다시는 죽지 않는 법계法界로 돌아가서 영원히 살기를 바란다.

고기야 고기야 사람은 말도 할 줄 알고 귀로 말을 들을 줄도 알거니와 너는 속으로는 역력한 불성이 있으나 말할 줄도 모르고 듣기는 하나 말을 통해 고맙다는 말을 못 하는구나. 돌이켜보면 옛날에는 사람이었겠지만 자성自性을 깨치지 못했기 때문에 이렇게 고기가 된 것이리라. 허나 마음만은 뚜렷한 것이니 속히 보리심을 내어 고기의 몸을 벗어버리고 부처님의 나라에 들어오너라. 비록 네가 고기가 되었지만 그래도 지난 생에 약간의 착함을 행한 것이 있기에 오늘 이렇게 불법을 믿는 사부대중이 모여 너의 목숨을 살려 주는 것이 아니겠느냐. 세상 사람들은 고기 너를 잡아다 지져 먹고 볶아 먹지만 우리 불자는 세상에서 죽고 사는 것이 가장 큰 줄 알고 우주만유宇宙萬有의 생명을 아끼고 고귀하게 여겨 살려 주노라. 보살계에 말씀하시되 '모든 중생을 만나거든 보리심을 발하라.' 고 하였다. 이러한 말씀에 의지하여 오늘 보살계를 받은 비구, 비구니, 우바새, 우바이, 동남, 동녀 등 사부대중이 너를 살려 주노니 부처님의 인연으로 잘 살아가거라. 부처님 말씀에 '일체중생을 생각하기를 부모와 같이 하라.' 고 하였으니 숙겁宿劫의 인연을 생각하면 반드시 부모와 같은 지중한 인연이 없지 아니하리라.

고기야 고기야 과거세의 어느 때에 나도 고기가 되었을 텐데 그때 너와 같은 고기의 뱃속에 들어가 고기알이 되어 태어났을 것이다. 오늘날 비록 사람이라 하더라도 만일 자성을 깨치지 못하고 죽는다면 역시 어느 뱃속엔들 아니 든다고 어찌 장담하리오.

고기야 고기야 우리도 네 몸과 같이 고기가 되는지 사람이 되는지 알지 못하노라. 이러한 법문을 들어 깨닫는다면 사람이 되리라. 설사 고기도 여러 번 팔린다고 하더라도 죽은 뒤에는 분명히 사람이 되리니 아무쪼록 사람이 되거라.

5장 /

모연문 권선문 募緣文 勸善文

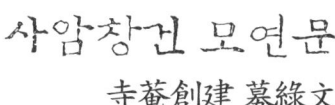

사암창건 모연문
寺菴創建 募緣文

　부처님의 광대무변한 광명건곤光明乾坤에 충만하고 보살의 무시무종無始無終한 자비법계慈悲法界에 창일漲溢하여 멀리 시공時空의 구애구애拘碍를 벗어났으며 생사의 유한상有限相을 떠났습니다마는 어둡고 어리석은 중생으로서는 암야暗夜의 미로를 탈출하지 못하고 번뇌의 속박을 형출逈出하지 못하였으니 참으로 가엾기 그지없는 처지이며 애석하기 이를 데 없는 현실이 아닐 수 없습니다.

　『화엄경』에 이런 말이 있습니다. 어두운 데 있는 보배는 등불이 아니면 볼 수가 없고 불법佛法이란 남을 위해 설설說하지 않으면 슬기 있는 사람이라도 알 수가 없다고 하였습니다.

　절이 창건된다는 것은 정신수련의 인격도야人格陶冶를 할 수 있는 도량道場이 마련된다는 말이며 전미개오轉迷開悟의 신성한 법전法殿이 건립建立된다는 것을 의미합니다. 이번 산자수명山紫

水明한 이곳을 불법의 유연찰토有緣刹土로 정하고 불우佛宇를 건축하여 안으로 자기완성의 성지聖地를 만들고 밖으로 광도중생廣度衆生의 대원大願을 홍포弘布하고자 하는 바 뜻 높으신 청신사淸信士 청신녀淸信女 여러분들의 지대하신 원호援護와 물심양면의 위법정신爲法精神을 바라면서 장엄거대莊嚴巨大한 이 불사佛事가 하루빨리 성취되도록 힘써 주시기를 지극히 빌고 비옵니다.

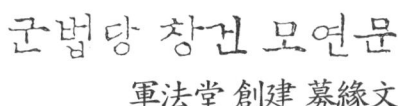

군법당 창건 모연문
軍法堂 創建 募緣文

『화엄경』에 말하기를 일체유심조一切唯心造라고 분명히 일러 놓았습니다.

마음 한 번 잘 가지면 성불이 되는 것이며 마음 한 번 잘못 가지면 영원히 지옥고地獄苦를 면치 못합니다. 마음이 훌륭한 사람을 위대한 사람이라 하며 마음이 편협무지偏陜無智한 사람을 소인小人이니 악인惡人이라 합니다.

불교는 어디까지나 인간의 길을 올바로 걸어 최고의 인격을 얻도록 하는 데 있습니다. 이것을 가리켜 열반이니 성불이니 해탈이라 하는 것입니다. 더구나 군인에게는 그 정신, 즉 마음이 무엇보다 소중합니다. 정신이 견실하지 못하고 마음에 사념私念과 망집妄執의 산란散亂이 있어서는 결코 군인의 목적과 사명이 완수될 수 없으며 호국안민護國安民의 도道를 도저히 달성할 수 없습니다.

그리하여 정신무장의 지주이며 인격도야의 본전本殿이 되는 법당을 건립하여 정신통일의 도량을 만들고 파사현정破邪顯正의 굳센 수련을 쌓고자 하는 바입니다. 법당 건립은 국가의 기둥을 다듬는 중대한 일이며 민족의 안위를 보장하는 지고지순한 사명이라는 것을 마음 깊이 되새겨 사회제언社會諸彦의 지대한 원호援護와 편달鞭撻이 있어 주시기만을 바라는 바입니다.

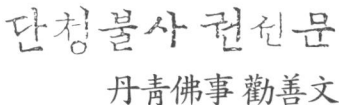

단청불사 권선문
丹青佛事 勸善文

　부처님의 묘리妙理는 삼세에 걸림이 없고 시방十方에 구애됨이 없으며 생멸生滅의 한계가 있을 수 없으며 성쇠盛衰의 장단을 초월하였으니 이 어찌 신묘神妙의 극極이라 하지 않을 수 있으며 절정의 종終이라 하지 않을 수 있겠습니까? 경經에서도 말한 바같이 성중성聖中聖이며 천중천天中天이란 추호도 지나친 말이 아닐 것입니다.

　존엄한 대성大聖을 봉안하여 때묻은 심장을 깨끗이 하고 전미개오轉迷開悟의 보살도를 닦아 낙樂을 증득證得토록 하자는 것이 사찰의 지고한 목적이며 본분인 것입니다.

　그러므로 불도량佛道場을 장엄하고 법당을 단청함은 곧 자기의 마음을 장엄하는 것이며 나아가 정신근행精進勤行과 직결되는 지대한 수행이라 보아야 할 것입니다. 본사本寺는 신라 초기에 창건

되어 그 유현하고 신엄神嚴함이 국내에서 백미白眉이며 산수가 가려佳麗하고 도량이 기절奇絕하여 지성기도致誠祈禱의 적지適地로 명성이 천하에 관절冠絕하였으나 연구세심年久歲深함에 따라 단춘丹春이 퇴색되어 가히 불자의 안목으로 찾아볼 수 없는 지경으로 소납小衲의 부덕不德을 불고不顧하고 단청불사를 성취하고자 이에 지대한 발원을 하는 바 여기에는 신남신녀 여러분들의 절대적인 원호와 사해제언의 지도와 협조가 반드시 수반되지 않고서는 도저히 성스러운 이 불사를 완수할 수 없으므로 이 뜻을 시방十方에 호소하오니 자리이타自利利他의 근본사상과 동입미타同入彌陀의 대원大願이 성취되도록 하여 주시기를 지도지도至禱至禱하나이다.

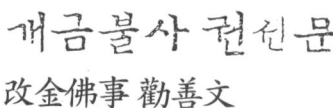

개금불사 권선문
改金佛事 勸善文

세존성교世尊聖教는 그 뜻이 미묘微妙하여 횡횡橫으로 시방十方에 두루 하시고 보살대용菩薩大用은 그 이치가 깊고 멀어 수竪로 삼제三際를 관철貫徹하였으니 진실로 높고 높아 절정絕頂에 달했으며 넓고 넓어 가히 없도다.

우리 해동海東은 불연佛緣이 지중하사 고구려 소수림왕 2년에 그 광명과 법우法雨가 이 땅에 넘쳤으며 그 뒤 신라와 고구려에 고승석덕高僧碩德이 대법을 건곤乾坤에 포양布揚하고 지고지미至高至美한 예술이 시공을 초월하였으니 우리 한국은 일초일목日草一木이 그대로 불토佛土의 장엄이요 산천강하山川江河가 그대로 청정법신이 아닐 수 없도다.

한없는 중생을 구제함에 있어 방편方便의 권교權教가 없을 수 없으며 우암愚暗의 군미群迷를 계도啓導함에 있어 어찌 소상塑像

의 봉안을 등한히 할 수 있으랴.

본사 본존불本尊佛은 원만한 덕상德相과 신엄단아神嚴端雅한 종호種好가 가히 비길 데 없는 거룩한 존상尊像이오나 개금改金의 연대가 너무 깊어 퇴색 남루의 지경에 도달하였으므로 시불侍佛의 사문沙門으로 눈물겹지 않을 수 없고 봉교奉敎의 불자로서 한탄스럽지 않을 수 없는 바입니다.

불상을 장엄한다는 것은 곧 자기의 내면에 존재하는 청정법성淸淨法性을 장엄하는 것이며 개금으로 공양하는 것은 자신의 미암迷暗과 치애痴碍를 제거시키는 커다란 행원行願일 것입니다.

불가사의한 무량공덕 가운데 불신佛身에 개금하는 이상 더 큰 공덕이 있을 수 없고 여기에 따를 수 있는 더 큰 선행기도가 있을 수 없습니다.

이제 소납은 모든 부덕과 부재不才를 불구하고 이 불사를 기어이 성취회향하고자 하는 굳은 신념으로 청신사 청신녀 여러분들에게 간절히 호소하오니 같이 청정법석에 동참의 기연을 맺어 주시고 무량무변無量無邊한 공덕대해功德大海에 동주同住의 승기勝期을 마련토록 하여 주시기를 기원복축祈願伏祝하나이다.

범종불사 권선문
梵鐘佛事 勸善文

원하노니 이 종소리 법계法界에 고루 퍼져 캄캄한 지옥 속을 환히 밝게 하여 주옵소서.

삼악도三惡道의 고통 없고 검수도산劍樹刀山 부서져서 일체중생 모두 같이 성불하게 되옵소서. 이것이 종鍾에 대한 발원發願이요 소망입니다.

사찰의 기물器物 가운데는 종보다 더 중요한 것이라고는 있을 수가 없습니다.

어두운 곳을 환히 밝게 하면서 어리석음에 잠들어 있는 중생을 깨우쳐 주는 거룩한 도구道具입니다. 아침저녁으로 이러한 원願을 세워 우리들은 항상 기원하고 있습니다.

종이란 불음佛音의 생명이요 경각警覺의 법기法器이기 때문에 무엇보다 우선해야 되는 것이며 존중해야 합니다.

본사에서는 지금까지 가장 소중한 종을 가지지 못했다는 것은 진실로 유감스럽기 그지없는 일이며 사찰의 지대한 사명 가운데 커다란 허점이 아닐 수 없습니다.

그리하여 소납의 모든 역량이 부족한 것을 자인하면서도 감히 이 불사만은 기어이 성취하겠다는 커다란 발원 아래 외람되이 합장하고 일어서게 되었습니다.

오직 여기에는 청신사 청신녀 여러분들의 뛰어난 신심과 특별하신 원호가 있어야 할 것이며 사해제위四海諸位의 부단하신 지도와 편달이 있어야 할 것입니다.

엎드려 바라노니 거룩한 이 불사가 원만히 이루어지도록 모든 가호가 있기를 빌고 빌뿐입니다.

가사불사 권선문
袈裟 佛事 勸善文

가사袈裟란 법의法衣입니다. 다시 말해 부처님의 상의上衣입니다.

이것은 옷이라기보다는 차라리 장엄정중莊嚴鄭重한 법이라 해야 될 것입니다.

견고지대見高至大한 법을 설하실 때 반드시 이것을 입으셨으며 거룩한 종교의식이 집행될 때 이것을 착着했던 신성하고도 존엄스러운 표법表法입니다.

이 옷 속에는 대자대비가 들어 있으며 광도중생廣度衆生의 홍원弘願이 들어 있으며 천마외도天魔外道가 경복귀의敬服歸依할 수 있는 감화感化의 위덕威德이 들어 있으며 그대로 부처님을 대신할 수 있는 모든 지덕智德이 갖추어진 정의淨衣라 볼 수 있습니다.

그러기 때문에 불가에서는 사자상속師資相續의 전법傳法에 있어 반드시 의발衣鉢이 소중합니다. 가사란 곧 불가의 생명이며 승가의 지보至寶라 할 수 있을 만큼 극존극귀極尊極貴한 성의聖 衣인 것입니다.

그러한 법의法衣를 조성하여 많은 법려法侶들에게 착용토록 하는 것은 그대로 불사 중 가장 으뜸가는 대공덕大功德일 것이며 크게 보아 부처님의 거룩한 법광法光이 더욱 넓어졌다는 것을 의미하는 것이라 보아야 할 것입니다.

이러한 의미에서 이번에 본사에서는 가사불사를 일으켜 안으로는 부처님의 위대하신 행의行儀를 한층 여법如法토록 하는 동시에 밖으로는 청신사 청신녀 여러분들의 무량한 복덕과 견고한 신념을 발양하도록 하는 바 절대적인 원호와 특별하신 발심이 있어 주시기를 간절히 바라옵나이다.

천등불사 권선문
天燈佛事 勸善文

『화엄경』에 이런 말이 있습니다.

어둠 속에 들어 있는 보배는 등불이 아니면 볼 수가 없고 부처님의 법이 아무리 좋다지만 설하는 사람이 없으면 알 수가 없다고 하였습니다.

등燈이란 밝히는 것이 사명이요 책임입니다.

아득한 세월 업에 절고 죄악에 물들어 있는 우리들의 심성에 부처님의 광대무변한 자비의 광명이 아니면 도저히 씻어낼 수 없으며 칠흑처럼 캄캄한 생사生死의 거센 물결을 건너감에 있어 지혜의 등불이 아니면 절대로 피안에 도달할 수 없는 것입니다.

그러므로 등을 밝혀 짙은 죄장罪障을 참회하고 다생多生에 쌓여 있는 더러운 진구塵垢를 불살라, 안으로는 보살의 육도우행六度寓行을 닦고 밖으로는 일체중생을 널리 제도하겠다는 홍원弘願

을 한층 더욱 굳게 하기 위해 우리 절에서는 천등불사千燈佛事의 넓은 문을 열어 놓고 자타自他 같이 성스러운 기도와 수행의 길을 걷고자 하는 바 청신남 청신녀 여러분들은 서로 권하고 서로 앞장 서 이 불사가 성황으로 이루어지도록 힘써 주시기를 바라나이다.

위령재 권선문
慰靈齋 勸善文

　부처님의 호막浩漠한 교리언설敎理言說을 가규可窺할 수 없으며 심오한 진리와 명철한 이법理法을 어찌 사량思量으로 측도測度할 수 있겠습니까?

　무변無邊한 허공과 광막한 법계에서 생사의 암야暗夜가 거듭될 때 한없는 유연무연有緣無緣의 고혼孤魂이 요요擾擾하고 원근친척遠近親戚과 다생부모多生父母의 정령精靈이 갈 곳을 잃고 있을 뿐 아니라 시방삼세十方三世의 유주무주有主無主의 애혼哀魂들이 고통과 기아를 견디지 못하는 참상이 잠시도 쉬지 않고 일어나고 있다는 것을 알아야 할 것입니다.

　비록 우리들의 육안에 보이지 않는다고 하더라도 그 비참한 형상과 슬픔의 절규는 우주에 충만하고 진찰塵刹에 가득하다는 것을 생각할 때 한시라도 이들에 대한 구제의 손길을 등한히 할 수 없으며 불음佛音을 바로 일러 이고득락離苦得樂의 큰길을 열어 주지 않을 수 없습니다.

중생의 범안凡眼이란 항상 육안으로 볼 수 있는 현상세계에 대해서는 지대한 관심과 부단의 주의력을 경도傾倒하지만 현상을 떠난 명계冥界에 대해서는 그 소홀과 등한等閑이 적지 않다는 것을 반성하지 않을 수 없습니다.

그러나 부처님의 자안慈眼으로는 현계現界와 명계冥界가 구분區分되지 않으며 사생육취四生六趣가 일시평등一視平等한 것입니다.

그러므로 이번에 본사本寺에서는 수륙공계水陸空界에 체류수고滯留受苦하는 일체영혼불자一切靈魂佛子들에게 감로법우甘露法雨를 무차시여無遮施與하고 열반묘지涅槃妙旨를 직지증득直指證得토록 하기 위해 위령대재慰靈大齋를 개설開設하고자 하오니 각자의 선망부모先亡父母를 위하시는 효심과 시방세계의 일체애혼一切哀魂을 천도遷度하시는 광대하신 신심信心으로 무루동참無漏同參하시어 무차법회無遮法會가 여법如法이 이루어지도록 원호하여 주시고 준동함령蠢動含靈이 일시성불一時成佛의 열매를 맺도록 하여 주시기를 지도지도至禱至禱하옵나이다.

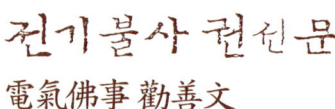

전기불사 권선문
電氣佛事 勸善文

　무량수無量壽 무량광無量光 상적광토常寂光土에서 쏟아지는 광명삼제光明三際의 구비가 가로막을 수 없으며 시방十方의 넓이가 제한될 수 없습니다. 그러므로 『법화경』에 말하기를, 한 빛이 동쪽 만팔천토萬八千土를 비추니 천지산하天地山河가 해 뜨는 아침 같다고 하지 않았습니까?

　이것이 부처님의 위대한 장엄莊嚴이요 성덕聖德의 묘지妙旨일 것입니다.

　어두움을 밝혀 주는 것이 불법이며 치음痴暗을 제거시키는 것이 성광위덕聖光偉德일 것입니다.

　절이란 부처님의 광대무변한 묘법妙法을 선양하여 오욕탐진五慾貪嗔에 젖어 있는 일체중생을 제도하는 곳이며 어두운 마음을 깨우치고 밝혀 불지佛智를 얻도록 하는 도량입니다.

그러므로 그것을 표법標法하여 장명등長明燈을 밝히고 연등燃燈을 하고 촛불을 켜는 것입니다. 우리 절은 신라의 고찰로 그 사격寺格이 훌륭할 뿐만 아니라 산천이 가려佳麗하고 도량이 수려한 성지이나 아직도 전기가 들어오지 못해 기도지성祈禱致誠에 불편이 지대하고 불사봉행에 장애가 막심하므로 소납의 지심至心으로 발원하여 전기불사를 성취하고자 하는 바 신남신녀 여러분의 특별하신 호념護念과 강호제현江湖諸賢의 원조를 바랄 뿐입니다.

그리하여 자타自他가 일시에 왕생의 큰길을 얻고 열반의 대과大果를 증득證得하여 유종의 극미極美를 이루기를 바라는 바입니다.

거울 속 성불의 길

1판 1쇄 인쇄 2010년 3월 10일
1판 1쇄 발행 2010년 3월 19일

지 은 이 월서 스님
펴 낸 이 정정란

편 집 부 문세라
디자인팀 김현민
영 업 부 권태형 김용호 정성용

펴 낸 곳 마음달
출판등록 2002년 11월 15일
주   소 (121-240)서울시 마포구 연남동 567-31 3F
전   화 335-4179(편집부) 335-4121, 4131(영업부 외)
팩   스 335-4158

대표메일 hmbooks@hanmail.net

I S B N 978-89-6386-046-6 13220

＊마음달은 도서출판 황매의 자회사입니다.